회화 도우미

기초
중국어 문법

회화 도우미

기초
중국어 문법

이규일·김애경 지음

인터북스

목차

머리말 ··· 10
중국어 어순의 기본 특징 ································· 12

[중국어 어순 맛보기]

1. 일반 문장 ··· 17
   (1) 동사술어문 ·· 18
   (2) 형용사술어문 ··· 18
   (3) 명사술어문 ·· 18
   (4) 부정문 만들기 ·· 19
   (5) 의문문 만들기 ·· 21
   (6) 금지형 명령문 ·· 23

2. 是로 만든 문장 ·· 26
   (1) 是동사의 강조 ·· 27
   (2) 부정문 만들기 ·· 27
   (3) 의문문 만들기 ·· 27

3. 有로 만든 문장 ·· 32
  (1) 소유를 표현하는 有 ································ 33
  (2) 존재를 표현하는 有 ································ 33
  (3) 부정문 만들기 ·· 33
  (4) 의문문 만들기 ·· 34

4. 在로 만든 문장 ·· 37
  (1) 존재를 표현하는 동사 在 ······················ 38
  (2) 위치를 표현하는 在 ································ 39
  (3) 동작·행위의 장소를 표현하는 在 ············ 42

5. 부사의 위치 ·· 45
  (1) 부정사와 만날 때 ·································· 46
  (2) 문장 맨 앞에 위치하는 부사 ·················· 47

[품사 둘러보기]

1. 동사 ·· 53
  (1) 동사와 목적어 ·· 54
  (2) 부정문과 의문문 ···································· 55
  (3) 이합동사 ·· 56
  (4) 동사의 중첩 ·· 57

2. 조동사 ·· 61
  (1) 능력, 가능을 나타내는 조동사 ··············· 62
  (2) 소망을 나타내는 조동사 ························ 62
  (3) 필요를 나타내는 조동사 ························ 63

(4) 부정문과 의문문 ··· 64

3. 형용사 ··· 68
(1) 형용사의 수식 ··· 69
(2) 부정문과 의문문 ··· 70
(3) 형용사의 중첩 ··· 71

4. 명사와 대명사 ··· 75
(1) 명사 술어문 ··· 76
(2) 명사의 수식 ··· 76
(3) (대)명사의 복수화 ··· 77
(4) 대명사 ··· 77

5. 수사와 양사 ··· 83
(1) 중국어의 수사와 양사 ··· 84
(2) 명량사 ··· 86
(3) 동량사 ··· 88

6. 전치사 ··· 92
(1) 장소, 시간 ··· 93
(2) 대상 ··· 94
(3) 방향 ··· 95
(4) 근거 ··· 96
(5) 이유, 목적 ··· 96

[조사 보어 살펴보기]

1. **동태조사** ·· 103
   (1) 了 ·· 104
   (2) 着 ·· 108
   (3) 过 ·· 109

2. **어기조사** ·· 113
   (1) 了 ·· 114
   (2) 呢 ·· 114
   (3) 吧 ·· 115
   (4) 的 ·· 115

3. **구조조사** ·· 118
   (1) 的 ·· 119
   (2) 地 ·· 119
   (3) 得 ·· 120

4. **정도보어** ·· 123
   (1) 기본 형식 ··· 124
   (2) 정도보어와 목적어의 위치 ························· 124
   (3) 부정문 ··· 125
   (4) 의문문 ··· 126
   (5) 정도가 매우 심함을 표현할 때 ················· 126

5. **방향보어** ·· 130
   (1) 단순방향보어 ··· 131
   (2) 복합방향보어 ··· 131
   (3) 목적어의 위치 ·· 132

6. 결과보어 ·· 138
   (1) 기본 형식 ··· 139
   (2) 목적어의 위치 ·· 139
   (3) 부정문 ·· 140
   (4) 의문문 ·· 140

7. 가능보어 ·· 145
   (1) 기본 형식 ··· 146
   (2) 목적어의 위치 ·· 146
   (3) 의문문 ·· 147
   (4) 了[liǎo]를 사용한 가능보어 ··· 148

[문형 알아보기]

1. 비교문 ·· 155
   (1) 比를 사용한 비교문 ·· 156
   (2) 「A+有+B+这么/那么…」형식의 비교문 ······················ 157
   (3) 「A+跟+B一样」형식의 비교문 ···································· 157
   (4) 비교문의 부정 ·· 157

2. 把자문 ·· 162
   (1) 「주어+把+목적어+동사」 ··· 163
   (2) 부정사, 조동사, 부사의 위치 ··· 165
   (3) 반드시 써야 하는 把자문 ·· 166

3. 피동문 ·· 169
   (1) 「주어+被+주체+동사」 ··· 170

(2) 叫, 让, 给 ··· 172

4. 존현문 ··· 175
   (1) 존재를 표현 ··· 176
   (2) 출현과 소멸을 표현 ··································· 176

5. 연동문과 겸어문 ··· 180
   (1) 연동문 ··· 181
   (2) 겸어문 ··· 182

6. 강조의 표현 ·· 186

7. 복합문 ··· 193
   (1) 병렬관계 ·· 194
   (2) 점층관계 ·· 195
   (3) 전환관계 ·· 196
   (4) 가설관계 ·· 196
   (5) 인과관계 ·· 197
   (6) 조건관계 ·· 198

연습문제 정답 ··· 202

머리말

문법은 고급과정에서 배워야 한다?

중국어를 배우는 사람들이 많아지면서 다양한 학습자의 학습목표에 맞는 중국어 교재들이 출판되고 있습니다. HSK 시험을 준비하는 사람도 있고, 중국인과 교류하기 위해 회화를 배우려는 사람도 있고, 중국영화나 드라마, 소설과 서류 등 원작을 접하기 위해 중국어를 배우는 사람도 있습니다. 그런데 대부분의 학습자들은 문법을 중국어 수준이 높아진 이후에 배우는 분야라고 생각합니다. 초급과정의 중국어 교재들이 대부분 회화체 문장 위주로 구성된 이유도 여기에 있습니다.

학습자가 20세 이상의 성인이라면 문법 먼저 배워야 한다!

식당, 거리, 상점 등에서 활용되는 문장을 읽고 외운 후, 나중에 실제 상황에서 활용하는 학습법은 매우 일반적이고 자연스러운 방식입니다. 상황에 맞는 상용구문과 단어를 많이 익히는 것은 모든 외국어 학습에 있어서 가장 보편적이고 효과적인 학습법이니까요. 하지만 학습자가 20세 이상의 성인이라면 초급과정에서도 문법 학습의 병행이 필요합니다.

문법을 공부하지 않고 상황별 단어와 문장 위주로 학습한다면 중국어 문장의 구성방식은 그저 느낌과 감으로 익히게 됩니다. 주위에서 중국 사람들이 늘 말을 걸어주고 이야기를 들어주는 상황이 아니라면 더욱 그렇습니다. 아동과 같은 언어습득의 환경을 제공받지 못하고 학습의 일부분으로 외국어를 배워야 한다면 중국어 문장의 틀을 이해하여 머릿속에 기억하고 있어야 합니다. 그래야 새롭게 익히는 단어와 구문이 문장 속에서 제자리를 찾을 수 있습니다. 문법은 회화의 도우미입니다.

두꺼운 문법책 VS 얇은 문법책

　현재 출판된 많은 중국어 문법책들은 너무 두껍습니다. 글자도 내용도 너무 많습니다. 사용하는 예문도 어려운 단어를 많이 사용합니다. 그래서 학습자들에게 "아, 문법은 수준이 높아진 다음에 배우는 거구나"하는 생각이 들게 합니다. 얇고 간단한, 쉬운 예문 위주의 문법책이 필요합니다. 한 권을 빠르게 독파하고 두 번, 세 번 반복해서 읽으며 중국어 문장의 기본 틀을 머리에 담을 수 있는 문법학습 교재가 필요한 것입니다. 이 책을 쓰게 된 이유입니다.

　두꺼운 문법책은 중국어 문법의 모든 것이 담겨있는 백과사전과 같습니다. 사전처럼 활용하면 됩니다. 중국어 공부를 하다가 문득 찾아볼 내용이 있을 때 사전을 찾듯 활용하면 됩니다. 이 교재의 용도는 검색이 아니라 숙지입니다. 크고 작은 모든 내용을 담으려고 하지 않았습니다. 어려운 내용은 덜어냈습니다. 초급과정에서 반드시 알아야 할 내용들만 모았습니다. 한 번, 두 번, 세 번 읽어보고 머리를 담아야 할 내용을 다 담았으면 버려도 됩니다.

문법은 회화의 도우미

　한어병음과 성조, 간단한 인사말 정도를 끝낸 초급 학습자라면 교재의 문장들을 통해 회화를 익힐 수 있습니다. 그래서 이 책에서 사용된 예문은 대부분 회화체의 문장입니다. 연습문제의 문장도 그렇습니다. 상황에 따라 성조가 바뀌는 경우도 함께 소개했습니다. 이 책을 통해 학습자들이 ~술어문, ~보어 같이 생소한 용어들을 알게되는 걸 바라지 않습니다. 단어들이 문장 속에서 어떻게 배치되어 활용되는지, 중국어 문장의 구성 원리를 알게 되기를 바랍니다. 연습문제도 이러한 의도에 맞게 구성했습니다. 이 교재를 통해 문법과 친해지고, 회화도 능숙하게 구사할 수 있게 되길 바랍니다.

2023. 2. 저자

중국어 어순의 기본 특징

(1) 중국어는 고립어

한국어는 교착어이기 때문에 단어와 단어를 연결하는 성분이 필요합니다.

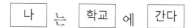

예를 들면 '는', '에' 처럼 단어와 단어 사이에서 의미를 확실하게 해주는 조사가 필요합니다. 하지만 중국어는 고립어이기 때문에 이런 성분들이 없어도 됩니다. 단어를 나열하기만 하면 문장이 성립됩니다.

만약 더 구체적인 의미를 표현하고 싶다면, 예를 들어 시제를 표현하고 싶다면 시제를 표현하는 단어를 첨가하면 됩니다. 시제에 따라 단어의 형태가 바뀌는 일은 없습니다.

明天	我	去	学校

(2) 중국어의 어순: S+V+O

중국어는 단어를 나열하여 문장을 이루기 때문에 어순이 매우 중요합니다. 중국어의 어순은 기본적으로 다음과 같습니다.

| 주어 | + | 동사 | + | 기타성분(목적어, 보어 등) |

| 妈妈 | 爱 | 我 | 엄마는 나를 사랑합니다.

| 我 | 爱 | 妈妈 | 나는 엄마를 사랑합니다.

중국어는 조사가 없기 때문에 단어를 어순에 맞게 배열해야 합니다. 한국어에서는 조사의 쓰임에 따라 어순이 달라져도 의미가 같을 때가 있습니다. 예를 들면 다음과 같은 문장입니다.

| 나 | 는 | 그 | 를 | 사랑해 |

| 그 | 를 | 나 | 는 | 사랑해 |

두 문장을 구성하는 단어의 순서는 다르지만 의미는 결국 같습니다. 조사 '를'과 '은'이 목적어와 주어를 명확하게 알려주고 있기 때문입니다. 하지만 중국어에서는 단어의 순서에 따라 의미가 달라지기 때문에 단어를 어순에 맞게 정확히 배치하는 것이 매우 중요합니다.

중국어 어순 맛보기

01 일반 문장

중국어에서는 동사, 형용사, 명사 등을 술어로 사용하여 문장을 만듭니다. 고립어이기 때문에 의문문에서는 의문문을 만드는 단어를, 부정문에서는 부정문을 만드는 단어를 첨가하는 방식을 사용합니다.

기본 문형

我唱歌。
wǒ chànggē

今天很冷。
jīntiān hěn lěng

现在六点。
xiànzài liùdiǎn

A: 你吃饭了吗?
　　nǐ chīfàn le ma

B: 我没有吃。/　B: 我不吃。
　　wǒ méiyǒu chī/　　wǒ bù chī

不要吃! (=别吃!)
búyào chī! (= bié chī!)

(1) 동사술어문

동사를 사용하여 만든 술어문을 동사술어문이라고 합니다.

他　看　电视。　그는 TV를 본다.
주어　동사(술어)　목적어

我唱歌。　나는 노래를 부른다.
wǒ chànggē

妈妈睡觉。　엄마는 주무신다.
māma shuìjiào

(2) 형용사술어문

형용사를 사용하여 만든 술어문을 형용사술어문이라고 합니다.

她　很　可爱。　그녀는 너무 귀엽다.
주어　부사　형용사(술어)

今天很冷。　오늘은 너무 춥다.
jīntiān hěn lěng

工作太忙。　일이 너무 바빠요.
gōngzuò tài máng

(3) 명사술어문

명사를 사용하여 만든 술어문을 명사술어문이라고 합니다. 일반적으로 명사는 단독으로 술어가 되지 않지만 날짜, 시간, 나이, 날씨 등을 말할 때는 술어로 사용됩니다.

<u>今天</u>　<u>星期天</u>。　오늘은 일요일이다.
　주어　　명사(술어)

我八岁。　　나는 여덟 살이다.
wǒ bāsuì

现在六点。　지금은 여섯 시다.
xiànzài liùdiǎn

(4) 부정문 만들기

　중국어에서 부정의 의미를 표현할 때는 서술어가 동사일 경우 不나
没(有)를 동사 앞에 붙이고, 형용사일 경우 不를 형용사 앞에 붙입니다.
일반적으로 현재와 미래의 일을 부정할 때는 不를, 과거의 일과 완료된
일을 부정할 때는 没(有)를 사용합니다.

난 안갔어요	과거	我没有去。
난 안갈래요	미래(의지)	我不去。

A: 你吃饭了吗?　너 밥 먹었니?
　nǐ chī fàn le ma

B: 我没有吃。　나 안먹었어.
　wǒ méiyǒu chī

A: 你吃饭吗?　너 밥 먹을래?
　nǐ chī fàn ma

B: 我不吃。　난 안먹을래.
　wǒ bù chī

□ 不 사용하기

■ 동사를 부정할 때

不를 사용하여 부정문을 만들면 주체의 의지가 표현됩니다. 즉, 동작의 주체가 '~하고 싶어 하지 않는다'는 느낌이 표현됩니다.

我不看。 난 안볼래.
wǒ bú kàn

他不回来。 그는 돌아오지 않는다.
tā bù huílai

동작이 아닌 동사를 부정할 때도 不를 사용합니다.

我们不同意。 우리는 동의하지 않는다.
wǒmen bù tóngyì

孩子不像你。 아이가 너를 닮지 않았다.
háizi bú xiàng nǐ

■ 형용사를 부정할 때

어떤 상태가 아니라는 의미를 표현할 때 형용사 앞에 不를 붙입니다.

外边不热。 바깥은 덥지 않아.
wàibiān bú rè

这个菜不好吃。 이 요리는 맛이 없다.
zhè ge cài bù hǎochī

□ 没(有) 사용하기

동사 앞에 没(有)를 붙여 과거의 일과 완료된 일을 부정합니다. 이 때 没만 써도 되고 没有를 써도 됩니다.

昨天我有事儿, 没(有)上班。　어제 나는 일이 있어서 출근하지 않았어.
zuótiān wǒ yǒu shìr méi(yǒu) shàngbān

她没(有)喝酒。　그녀는 술을 마시지 않았다.
tā méi(yǒu) hējiǔ

불의 성조 변화

원래 不는 4성입니다. 뒤에 1성, 2성, 3성과 결합할 때는 4성으로 읽습니다.

不多 [bù duō]　　　不长 [bù cháng]　　　不好 [bù hǎo]

하지만 뒤에 4성이 오면 2성으로 읽습니다.

不对 [bú duì]　　　不去 [bú qù]　　　不怕 [bú pà]

(5) 의문문 만들기

중국어에서 의문문을 만들 때는 다음과 같은 몇 가지 형태가 있습니다.

□ 吗 사용하기

吗를 문장 끝에 붙입니다

这种洗衣机贵吗?　이런 세탁기는 비싸니?
zhè zhǒng xǐyījī guì ma

你去中国吗?　너 중국에 가니?
nǐ qù zhōngguó ma

现在十点吗?　지금 열 시니?
xiànzài shídiǎn ma

□ 긍정형과 부정형을 중첩

긍정형과 부정형을 중첩하여 「~不~」, 「~没~」의 형식을 사용합니다.
중간에 들어가는 不, 没는 경성으로 읽습니다.

这个菜贵不贵? 　이 요리는 비싸니?
zhè ge cài guìbuguì

你去不去中国? 　너는 중국에 가니?
nǐ qùbuqù zhōngguó

□ 선택의문문

还是를 사용하여 선택의문문을 만듭니다.

我们今天去还是明天去? 　우리 오늘 갈까, 아니면 내일 갈까?
wǒmen jīntiān qù háishì míngtiān qù

学汉语还是学英语? 　중국어를 배우니, 아니면 영어를 배우니?
xué hànyǔ háishì xué yīngyǔ

□ 의문대명사 사용하기

의문대명사를 사용하여 의문문을 만들 때는 吗를 붙이지 않습니다.

你要几瓶啤酒? 　너는 맥주 몇 병을 원하니?
nǐ yào jǐ píng píjiǔ

她是谁? 　그녀는 누구니?
tā shì shéi

爸爸去哪儿? 　아빠는 어디 가시니?
bàba qù nǎr

什么时候去中国? 　언제 중국에 가니?
shénmeshíhou qù zhōngguó

TIP

자주 쓰이는 의문대명사

谁 [shéi] 누구   哪儿 [nǎr] 어디
多少 [duōshǎo] 얼마나   怎么 [zěnme] 어떻게
什么 [shénme] 무엇   怎么样 [zěnmeyàng] 어때
为什么 [wèishénme] 왜   什么时候 [shénmeshíhou] 언제

(6) 금지형 명령문

금지를 표현할 때는 문장의 맨 앞에 不要나 別를 붙입니다. '~하지 마'의 의미입니다.

不要吃！(=別吃！)   먹지 마.
búyào chī! (= bié chī!)

不要告诉他！(=別告诉他！)   그에게 말하지 마.
búyào gàosù tā! (= bié gàosu tā!)

1. 아래에 제시된 단어를 활용하여 아래의 문장을 중국어로 완성하세요.

그와 얘기하지 말아라. [他/ 跟/ 不要/ 话/ 说]

➡ ....。

그는 옷을 입는다. [他/ 衣服/ 穿]

➡ ....。

달걀이 비싸니, 안비싸니? [贵/ 不/ 鸡蛋/ 贵]

➡ ....。

입장권을 사지 말아라. [买/ 不要/ 门票]

➡ ....。

저는 내일 극장에 안갑니다. [明天/ 不/ 我/ 电影院/ 去]

➡ ....。

저는 우산을 안가져왔습니다. [我/ 雨伞/ 带来/ 没]

➡ ....。

2. 아래에 제시된 단어를 활용하여 문장을 완성하세요.

그는 오늘 오니, 안오니?
➡ 他今天来(　　　)来?

너는 아빠를 닮았니, (또는/아니면) 엄마를 닮았니?
➡ 你像爸爸(　　　)像妈妈?

내 아들은 키가 크지 않습니다.
➡ 我儿子个子(　　　)高。

너는 뭘 보니?
➡ 你看(　　　)?

너는 한국요리 좋아하니?
➡ 你喜欢韩国菜(　　　)?

중국어가 어렵니, 아니면 일본어가 어렵니?
➡ 汉语难(　　　)日语难?

나는 깜빡하고 아직 약을 안먹었다.
➡ 我忘了, 还(　　　)吃药。

| 还是 | 吗 | 什么 | 不 | 没有 |

是로 만든 문장

是는 판단을 나타내는 동사입니다. 'A는 B이다'의 의미를 표현합니다. 是가 주어 뒤에 들어가기 때문에 한국인들은 주격조사 '은', '는'으로 사용하는 경우가 많지만 잘못된 표현입니다.

📖 이 휴대폰은 아주 비싸.

这个手机是很贵。(X)　　　　　这个手机很贵。(O)
zhè gè shǒujī shì hěn guì　　　　zhè gè shǒujī hěn guì

기본 문형

我是大学生。
wǒ shì dàxuéshēng

我是韩国人。
wǒ shì hánguórén

你是中国人吗？
nǐ shì zhōngguórén ma

我不是中国人。
wǒ búshì zhōngguórén

你是不是中国人？
nǐ shìbushì zhōngguórén

(1) 是동사의 강조

강조할 때는 就是를 사용합니다. '~가 바로 ~이다'의 의미입니다.

他就是我的老师。　그가 바로 나의 선생님이다.
tā jiùshì wǒ de lǎoshī

这就是他的照片。　이것이 바로 그의 사진이다.
zhè jiùshì tā de zhàopiàn

这儿就是她家。　여기가 바로 그녀의 집이다.
zhèr jiùshì tā jiā

(2) 부정문 만들기

是동사를 부정할 때는 是 앞에 不를 써서, 'A는 B가 아니다'의 의미를 표현합니다.

他不是我的老师。　그는 나의 선생님이 아니다.
tā búshì wǒ de lǎoshī

我不是韩国人。　나는 한국사람이 아니다.
wǒ búshì hánguórén

这不是你的座位。　이것은 너의 좌석이 아니다.
zhè búshì nǐ de zuòwèi

(3) 의문문 만들기

☐ 吗 붙이기

문장 뒤에 吗를 붙여 의문문을 만듭니다.

他是你们的老师吗？　그는 너희들의 선생님이니?
tā shì nǐmen de lǎoshī ma

这是你的座位吗?　이것은 너의 좌석이니?
zhè shì nǐ de zuòwèi ma

这儿是她家吗?　여기가 그녀의 집이니?
zhèr shi tā jiā ma

不是 구문 뒤에 吗를 붙이면 반어문이 됩니다. 이미 알고 있는 사항을 확인할 때 사용합니다.

这不是你的票吗?　이것은 너의 표가 아니니?
zhè búshì nǐ de piào ma

这个孩子不是你的学生吗?　이 아이는 당신의 학생이 아닙니까?
zhè ge háizi búshì nǐ de xuésheng ma

他不是中国人吗?　그는 중국인이 아닙니까?
tā búshì zhōngguórén ma

□ 是不是 사용하기

是不是 구문을 사용하여 '~냐 아니냐?'는 의미의 의문문을 만듭니다. 이 때 문장 뒤에 吗는 붙이지 않습니다.

你的生日是不是冬天?　너의 생일은 겨울이니?
nǐ de shēngrì shìbushì dōngtiān

厨师是不是上海人?　요리사는 상해 사람이니?
chúshī shìbushì shànghǎirén

这本书是不是你的?　이 책은 너의 것이니?
zhè běn shū shìbushì nǐde

「~是~」형식으로 是 앞뒤에 같은 명사, 동사, 형용사를 사용하면 '~이긴 ~하다', '~하긴 ~하다'는 의미를 표현합니다.

贵是贵，但是很好吃。　비싸기는 비싸지만 아주 맛있다.
guì shì guì, dànshì hěn hǎochī

好吃是好吃。　맛있기는 맛있다.
hǎochī shì hǎochī

有是有，但不多。　있기는 있지만, 많지 않다.
yǒu shì yǒu dàn bù duō

1. 제시된 단어를 어순에 맞게 배치하여 아래의 문장을 작문하세요.

이것은 너의 학생증이니? [学生证/ 这/ 的/ 是/ 吗/ 你]

➡ ....。

당신은 중국어 교사가 아닙니까? [汉语老师/ 不/ 是/ 吗/ 您]

➡ ....。

저는 그의 동생입니다. [是/ 弟弟/ 他/ 我/]

➡ ....。

그녀의 남자친구는 바로 나야. [她/ 是/ 男朋友/ 我/ 就/ 的]

➡ ....。

이것은 오늘 산 표가 아니냐? [是/ 这/ 买/ 是/ 今天/ 的/ 不/ 票]

➡ ....。

내일은 일요일입니까, 아닙니까? [是/ 明天/ 是/ 星期天/ 不]

➡ ....。

중국어는 어렵긴 어렵습니다. [是/ 难/ 汉语/ 难]

➡ ....。

그가 바로 사장입니다. [就/ 老板/ 是/ 他]

➡ ....。

이 명함은 제 것이 아닙니다. [我/ 这/ 不是/ 名片/ 的/ 张]

➡ ....。

이것이 저의 명함입니다. [我/ 的/ 这/ 名片/ 是]

➡ ....。

03 有로 만든 문장

有를 사용하여 만든 문장은 주로 '~을 가지고 있다'(소유), 또는 '~에 무엇이 있다'(존재)의 의미를 표현합니다.

기본 문형

你有钱吗?
nǐ yǒu qián ma

我没有钱。
wǒ méiyǒu qián

你有没有男朋友?
nǐ yǒumeiyǒu nánpéngyou

我有女朋友。
wǒ yǒu nǚpéngyou

这儿有中国菜。
zhèr yǒu zhōngguócài

(1) 소유를 표현하는 有

我有笔记本电脑。　나는 노트북이 있다.
wǒ yǒu bǐjìběndiànnǎo

他有一个弟弟。　그는 동생이 하나 있다.
tā yǒu yí ge dìdi

我有两个钢笔。　나는 만년필 두 개가 있다.
wǒ yǒu liǎngge gāngbǐ

(2) 존재를 표현하는 有

那儿有一个餐厅。　저기에 식당이 하나 있다.
nàr yǒu yíge cāntīng

里边有一条狗。　안에 개가 한 마리 있다.
lǐbian yǒu yìtiáogǒu

桌子上有一本汉语书。　책상에 중국어 책 한 권이 있다.
zhuōzishang yǒu yìběn hànyǔshū

(3) 부정문 만들기

有동사를 부정할 때는 没有를 사용합니다.

我没有钱。　나는 돈이 없어.
wǒ méiyǒu qián

他们都没有女朋友。　그들은 모두 여자친구가 없다.
tāmen dōu méiyǒu nǚpéngyou

他没有妹妹。　그는 여동생이 없다.
tā méiyou mèimèi

(4) 의문문 만들기

☐ 吗 사용하기

문장 뒤에 吗를 붙여 의문문을 만듭니다.

你有笔吗? 너는 펜이 있니?
nǐ yǒu bǐ ma

你们有照相机吗? 너희들은 카메라가 있니?
nǐmen yǒu zhàoxiàngjī ma

桌子上有汉语书吗? 책상에 중국어 책이 있습니까?
zhuōzishang yǒu hànyǔshūma

☐ 有没有 사용하기

有没有 구문을 사용하여 '~가 있니 없니?' 의미의 의문문을 만듭니다. 이 때 문장 뒤에 吗는 붙이지 않습니다.

那儿有没有地铁站? 저기 지하철역이 있니?
nàr yǒumeiyǒu dìtiězhàn

你们班有没有姓李的? 너희 반에 이씨가 있니?
nǐmen bān yǒumeiyǒu xìnglǐde

你们有没有照相机? 너희들은 카메라가 있니?
nǐmen yǒumeiyǒu zhàoxiàngjī

有는 '(불특정한) 어떤'이라는 뜻이 있습니다.

有一天 [yǒuyìtiān] 어느 날
有时候 [yǒushíhou] 어떤 때
有人 [yǒurén] 어떤 사람

1. 제시된 단어를 어순에 맞게 배치하여 아래의 문장을 작문하세요.

그는 오백원이 있습니다. [五百块钱/ 有/ 他]

➡ ....。

저는 영화표가 두 장 있습니다. [电影票/ 我/ 两张/ 有]

➡ ....。

너희 반에 여학생이 있니? [女生/ 你们班/ 有/ 吗]

➡ ....。

저는 지금 시간이 없습니다. [时间/ 我/ 没有/ 现在]

➡ ....。

우리 집 부근에 아주 유명한 식당이 있습니다. [一个/ 有/ 很有名/ 的/ 附近/ 餐厅/ 我家]

➡ ....。

2. 아래에 제시된 단어를 활용하여 문장을 완성하세요.

너는 휴대폰이 있니, 없니?
你(　　　)手机?

나는 너의 전화번호가 없어.
我(　　　)你的电话号码。

여기는 표파는 사람들이 많아.
这儿(　　　)很多卖票的人。

너는 설명서 있니?
你(　　　)说明书吗?

어떤 때는 국수를 먹고, 어떤 때는 밥을 먹는다.
(　　　)时候吃面条, (　　　)时候吃饭。

是	不是	就	有	没有	有的

在로 만든 문장

'在'는 동사로 쓰이기도 하고 개사(전치사)로 쓰이기도 합니다. 동사로서 在의 의미는 '~가 있다'(존재), '~에 있다'(위치)입니다. 전치사로 쓰일 때는 '在+장소'의 어순으로 '~에서'의 의미입니다.

기본 문형

你爸爸在吗?
nǐ bàba zài ma

爸爸不在。妈妈在。
bàba búzài māma zài

老师在家。
laǒshī zài jiā

你在哪儿吃饭?
nǐ zài nǎr chīfàn

我在家吃饭。
wǒ zài jiā chīfàn

(1) 존재를 표현하는 동사 在

有도 존재를 표현하지만 有는 '주어+有+목적어'의 순으로 '~에(주어) 무엇이(목적어) 있다'는 의미를 표현할 때 사용하고, 在는 '주어+在'의 순으로 '~가(주어) 있다', '주어+在+장소'의 순으로'(주어는)~에(장소) 있다'는 의미를 표현할 때 사용합니다.

> A: 你爸爸在吗？　너희 아빠 계시니?
> nǐ bàba zài ma

> B: 爸爸不在。妈妈在。　아빠 안계세요. 엄마는 계세요.
> bàba búzài māma zài

> 爸爸在家。　아빠는 집에 계신다.
> bàba zài jiā

> 妈妈在学校。　엄마는 학교에 계신다.
> māma zài xuéxiào

> 他在公司。　그는 회사에 있어요.
> tā zài gōngsī

□ 부정문 만들기

부정할 때는 앞에 不를 붙입니다.

> 老师不在。　선생님은 안계세요.
> lǎoshī búzài

> 我不在公司。　나는 회사에 있지 않아요.
> wǒ búzài gōngsī

> 你不在，我就不去。　너가 없으면 나는 안갈래.
> nǐ búzài wǒ jiù búqù

□ 의문문 만들기

의문문을 만들 때는 문장 뒤에 吗를 붙여도 되고 在不在의 형식을
사용해도 됩니다. 在不在의 형식을 쓸 때는 吗를 붙이지 않습니다.

老师在学校吗?　너희 아빠 계시니?
lǎoshī zài xuéxiào ma

老师在不在学校?　선생님은 학교에 계시니?
lǎoshī zàibuzài xuéxiào

你在不在公司?　너는 회사에 있니?
nǐ zàibuzài gōngsī

(2) 위치를 표현하는 在

'在+장소'의 어순으로 '~에 있다'의 의미를 표현합니다.

我的自行车在门口。　내 자전거는 입구에 있다.
wǒ de zìxíngchē zài ménkǒu

洗手间在这儿。　화장실은 여기에 있다.
xǐshǒujiān zài zhèr

咖啡店在那儿。　커피숍은 저기에 있다.
kāfēidiàn zài nàr

□ 부정문 만들기

부정을 할 때는 在 앞에 不를 붙입니다.

金老师不在学校。　김선생님은 학교에 안계시다.
jīnlǎoshī búzài xuéxiào

他的护照不在这儿。　너의 여권은 여기 없다.
tā de hùzhào búzài zhèr

我的自行车不在门口。　내 자전거는 입구에 없다.
wǒ de zìxíngchē búzài ménkǒu

□ 의문문 만들기

　의문문을 만들 때는 문장 뒤에 吗를 붙여도 되고 在不在의 형식을
사용해도 됩니다. 在不在의 형식을 쓸 때는 吗를 붙이지 않습니다.

叔叔在那儿吗?　삼촌은 저곳에 계시니?
shūshu zài nàr ma

图书馆在不在宿舍旁边?　도서관은 기숙사 옆에 있나요?
túshūguǎn zàibuzài sùshè pángbiān

의문대명사를 사용할 수 있습니다.

你在哪儿吃饭?　너는 어디서 밥 먹니?
nǐ zài nǎr chīfàn

他们的公司在什么地方?　그들의 회사는 어디에 있니?
tāmen de gōngsī zài shénmedìfang

在+보통명사

在로 위치를 표현하려면 뒤에 여기(这儿), 저기(那儿) 같이 장소를 나타내는 단어가
와야 합니다. 车站, 学校, 图书馆, 饭店, 银行같은 장소명사는 在 뒤에 올 수 있습니
다. 하지만 사람, 사물 같은 보통명사는 这儿, 那儿, 上, 里 등과 같은 성분을 붙여야
在 뒤에 올 수 있습니다.

你的手机在我这儿。   너의 휴대폰은 나에게 있다.
nǐ de shǒujī zài wǒ zhèr

你找的书在桌子上。   너가 찾는 책은 책상 위에 있다.
nǐ zhǎo de shū zài zhuōzishang

존재를 표현하는 有와 在

有와 在는 모두 존재를 표현할 수 있습니다. 하지만 의미는 다소 차이가 있습니다.
'장소 + 有 + 존재하는 것': 有 뒤의 사람, 사물은 '불특정한' 것입니다.

桌子上有一张照片。   책상 위에 사진이 한 장 있다.
zhuōzishang yǒu yī zhāng zhàopiàn

'존재하는 것 + 在 + 장소': 在 앞의 사람, 사물은 '이미 알고 있는, 특정한' 것입니다.

照片在桌子上。   사진은 책상 위에 있다.
zhàopiàn zài zhuōzishang

客人在家里。   (그) 손님은 집에 계시다.
kèrén zài jiālǐ

(3) 동작·행위의 장소를 표현하는 在

 여기서 다루는 在는 동사가 아니라 개사(전치사)입니다. '在+장소'와
동사를 결합하여 동작·행위의 장소를 표현할 수 있습니다.

我在公司吃饭。 나는 회사에서 밥을 먹는다.
wǒ zài gōngsī chīfàn

你在这儿做什么? 너는 여기에서 뭐 하니?
nǐ zài zhèr zuò shénme

我们在那儿喝咖啡吧。 우리 저기에서 커피 마시자.
wǒmen zài nàr hē kafei ba

他在家等你。 그는 집에서 너를 기다린다.
tā zài jiā děng nǐ

我们在哪儿见面? 우리는 어디에서 만날까요?
wǒmen zài nǎr jiànmiàn

연습문제

1. 제시된 단어를 어순에 맞게 배치하여 아래의 문장을 작문하세요.

너의 휴대폰은 여기에 있다. [你/ 这儿/ 在/ 手机/ 的]

➠ _____。

기사는 어디 있나요? [哪儿/ 在/ 司机]

➠ _____。

너의 옷은 침대 위에 있어. [衣服/ 你/ 的/ 上/ 床/ 在]

➠ _____。

만리장성은 상해에 있는게 아니라 북경에 있다. [不/ 北京/ 在/ 上海/ 长城/ 在]

➠ _____。

너의 차는 그들이 있는 곳에 있어. [那儿/ 车/ 他们/ 在/ 你的]

➠ _____。

기차표는 이미 내 손에 있다. [已经/ 我/ 的/ 火车票/ 手/ 在/ 里]

➠ _____。

2. 아래에 제시된 단어를 활용하여 문장을 완성하세요.

A: 왕선생님 계세요?
王老师 ⋯⋯⋯⋯⋯⋯⋯⋯⋯⋯⋯⋯⋯⋯⋯⋯⋯⋯⋯⋯⋯⋯⋯⋯⋯⋯⋯⋯⋯⋯⋯⋯⋯⋯ ?

B: 왕선생님 여기 안계세요.
王老师 ⋯⋯⋯⋯⋯⋯⋯⋯⋯⋯⋯⋯⋯⋯⋯⋯⋯⋯⋯⋯⋯⋯⋯⋯⋯⋯⋯⋯⋯⋯⋯⋯⋯⋯ 。

A: 왕선생님 어디 계세요?
王老师 ⋯⋯⋯⋯⋯⋯⋯⋯⋯⋯⋯⋯⋯⋯⋯⋯⋯⋯⋯⋯⋯⋯⋯⋯⋯⋯⋯⋯⋯⋯⋯⋯⋯⋯ ?

B: 왕선생님 화장실에 계세요.
王老师 ⋯⋯⋯⋯⋯⋯⋯⋯⋯⋯⋯⋯⋯⋯⋯⋯⋯⋯⋯⋯⋯⋯⋯⋯⋯⋯⋯⋯⋯⋯⋯⋯⋯⋯ 。

| 在 | 哪儿 | 洗手间 | 这儿 | 不 | 吗 |

부사의 위치

부사는 동사, 형용사의 정도와 상태를 꾸며주는 단어입니다. 동사, 형용사의
앞에 위치합니다.

기본 문형

她已经结婚了。
tā yǐjīng jiéhūn le

我们只有一个儿子。
wǒmen zhǐyǒu yíge érzi

他的汉语非常好。
tā de hànyǔ fēicháng hǎo

他的汉语太好。
tā de hànyǔ tài bù hǎo

到底你去不去?
dàodǐ nǐ qù bu qù

(1) 부정사와 만날 때

부정사와 부사의 위치가 바뀌면 의미가 달라집니다.

天气不太好。　날씨가 그다지 좋지 않다.
tiānqì bú tài hǎo

天气太不好。　날씨가 너무 나쁘다.
tiānqì tài bù hǎo

첫 번째 문장은 太好가 아니라는 의미이며, 두 번째 문장은 너무 不好하다는 의미입니다.

我们都不是韩国人。　우리는 모두 한국인이 아닙니다.
wǒmen dōu búshì hánguórén

我们不都是韩国人。　우리가 모두 한국인인 건 아닙니다.
wǒmen bù dōu shì hánguórén

「不太~」의 형식을 사용하여 '그다지 ~하지 않다'는 의미를 표현할 수 있습니다.

眼睛不太好。　눈이 그다지(별로) 좋지 않다.
yǎnjīng bú tài hǎo

这个颜色不太好看。　이 색깔은 별로 예쁘지 않다.
zhè ge yánsè bú tài hǎokàn

(2) 문장 맨 앞에 위치하는 부사

사물에 대한 판단, 추측, 의심 등 말하는 이의 생각이 담겨있는 부사는 문장 맨 앞에 위치할 수 있습니다. 大概, 也许, 到底, 恐怕, 究竟, 难道 등의 단어가 자주 사용됩니다.

到底吃不吃?   도대체 먹을거니, 안먹을거니?
dàodǐ chībuchī

也许他已经回家了。   아마도 그는 이미 집에 갔을 것입니다.
yěxǔ tā yǐjīng huíjiā le

恐怕妈妈不会同意。   아마 엄마는 동의하지 않을 거야.
kǒngpà māma búhuì tóngyì

자주 사용되는 부사

정도부사: 정도를 표시

很[hěn] 매우	非常[fēicháng] 매우	太[tài] 매우
挺[tǐng] 매우	比较[bǐjiào] 비교적	最[zuì] 가장
更[gèng] 더		

시간부사: 시간을 표시

刚[gāng] 막	已经[yǐjīng] 이미	就[jiù] 곧
才[cái] 겨우	正在[zhèngzài] ~하는 중	马上[mǎshàng] 곧
一直[yīzhí] 줄곧		

어기부사: 어기를 표시

幸亏[xìngkuī] 다행히	大概[dàgài] 대략	也许[yěxǔ] 아마
到底[dàodǐ] 도대체	恐怕[kǒngpà] 아마	究竟[jiūjìng] 도대체
难道[nándào] 설마		

범위부사: 범위를 표시

| 全[quán] 전부 | 都[dōu] 모두 | 一起[yīqǐ] 함께 |
| 一共[yīgòng] 모두 | 一块儿[yīkuàir] 함께 | 只[zhǐ] 단지 |

빈도부사: 중복, 빈도를 표시

| 再[zài] 또 | 又[yòu] 또 | 也[yě] ~도 |
| 常常[chángcháng] 자주 | 经常[jīngcháng] 자주 | |

긍정, 부정부사: 긍정과 부정을 표시

| 肯定[kěndìng] 틀림없이 | 一定[yīdìng] 반드시 |
| 不[bù] ~아니다 | 没有[méiyǒu] ~아니다 |

상태부사: 상태를 표시

| 忽然[hūrán] 갑자기 | 仍然[réngrán] 여전히 |
| 渐渐[jiànjiàn] 점점 | 顺便[shùnbiàn] ~하는 김에 |

> **연습문제**

1. 제시된 단어를 어순에 맞게 배치하여 아래의 문장을 작문하세요.

나는 매일 인터넷을 합니다. [网/ 我/ 上/ 每天]

➡ ....。

내가 곧 너에게 전화를 걸게. [我/ 给/ 马上/ 你/ 电话/ 打]

➡ ....。

너의 치마는 별로 예쁘지 않다. [你/ 的/ 太/ 裙子/ 好看/ 不]

➡ ....。

저는 별로 익숙하지 않아요. [不/ 我/ 熟悉/ 太]

➡ ....。

그는 벌써 일어났어요. [起床/ 已经/ 了/ 他]

➡ ....。

연애는 너무 힘들다. [太/ 谈恋爱/ 容易/ 不]

➡ ....。

그 사람 운전이 너무 위험하다. [不/ 他/ 太/ 安全/ 开车]

➡ ....。

우리 모두가 장사하는 사람은 아닙니다. [不/ 做生意/ 是/ 都/ 的/ 我们]

➡ ....。

도대체 너는 결혼을 할꺼냐 말꺼냐? [要/ 结婚/ 不要/ 你/ 到底]

➡ ....。

품사 둘러보기

01 동사

동사는 사람 또는 사물의 동작, 작용 등을 표현하는 단어입니다. 먹다, 자다, 가다 등과 같은 말입니다. 동사는 직접 술어로 사용할 수 있습니다.

孩子　　　喝　　　牛奶
주어　　　동사(술어)　　목적어

기본 문형

我看。
wǒ kàn

我没有骗你。
wǒ méiyǒu piàn nǐ

我不告诉你。
wǒ bú gàosu nǐ

我想跟你结婚。
wǒ xiǎng gēn nǐ jié hūn

请给我看看。
qǐng gěi wǒ kànkan

(1) 동사와 목적어

동사는 목적어를 대동할 수 있습니다. 동사는 목적어 앞에 위치합니다.

我想你。　나는 너를 생각해.
wǒ xiǎng nǐ

他开车。　그는 차를 운전한다.
tā kāi chē

我吃方便面。　나는 라면을 먹는다.
wǒ chī fāngbiànmiàn

2개의 목적어가 필요한 동사도 있습니다. 「동사+~에게(간접목적어)+~를(직접목적어)」의 어순입니다.

她教我们汉语。　그녀는 우리들에게 중국어를 가르친다.
tā jiāo wǒmen hànyǔ

我们叫他大哥。　우리들은 그를 큰형님이라 부른다.
wǒmen jiào tā dàgē

经理给我一个星期的假。　사장님은 나에게 일주일의 휴가를 준다.
jīngli gěi wǒ yíge xīngqī de jià

2개의 목적어를 동반하는 동사는 다음과 같은 단어가 자주 사용됩니다.

问[wèn] 묻다	告诉[gào su] 알려주다	交[jiāo] 건네다
借[jiè] 빌리다	给[gěi] 주다	叫[jiào] 부르다
卖[mài] 팔다	送[sòng] 선물하다	教[jiāo] 가르치다

목적어의 위치에 문장(절)이 올 수도 있습니다. 목적절이라고 합니다. 이런 동사들은 주로 생각, 느낌, 발언 등을 나타냅니다.

大家都觉得你说得对。 사람들은 모두 너가 말한 것이 맞다고 생각한다.
dà jiā dōu juéde nǐ shuō de duì

我希望你能成功。　　나는 네가 성공할 수 있기를 바란다.
wǒ xīwàng nǐ néng chénggōng

我想她今天会来。　　나는 그녀가 오늘 올 거라고 생각한다.
wǒ xiǎng tā jīntiān huì lái

(2) 부정문과 의문문

동사 앞에 不나 没有를 붙여 부정문을 만듭니다. 没有는 과거의 일이나 완료된 일을 부정하고 不는 현재의 일을 부정합니다. 不를 사용하면 말하는 사람의 의지가 표현됩니다.

我没有骗你。　　나는 너를 속이지 않았어.
wǒ méiyǒu piàn nǐ

我不告诉你。　　나는 너에게 알려주지 않을래.
wǒ bú gàosu nǐ

의문문으로 만들 때는 吗를 붙여도 되고 「~不~」의 형식을 써도 됩니다.

你抽烟吗?
nǐ chōuyān ma

你抽不抽烟?　　너 담배 피니?
nǐ chōu bu chōuyān

你们去吗?
nǐmen qù ma

你们去不去? 너희는 가니?
nǐmen qùbuqù

「~了没有」의 형식으로 과거, 완료된 일에 대한 의문문을 만들 수 있습니다.

你听见了没有? 너 들었니?
nǐ tīngjiàn le méiyou

你们吃饱了没有? 너희들 배부르니?
nǐmen chībǎo le méiyou

你们毕业了没有? 너희는 졸업했니?
nǐmen bìyè le méiyou

(3) 이합동사

동사이긴 하지만 내부적으로 「동사+목적어」의 구조를 갖고 있는 동사를 이합동사라고 합니다. 이합동사는 뒤에 목적어를 쓸 수 없습니다.

帮忙[bāng máng] 돕다 见面[jiàn miàn] 만나다
他帮忙我。(X) 我见面她。(X)
他帮我忙。(O) 我跟她见面。(O)

자주 쓰이는 이합동사는 다음과 같습니다.

见面[jiàn miàn] 만나다 帮忙[bāng máng] 돕다
结婚[jié hūn] 결혼하다 毕业[bì yè] 졸업하다
生气[shēng qì] 화내다 散步[sàn bù] 산책하다

见面은 '만나다'라는 동사지만 '얼굴을 보다'라는 「동사+목적어」의 구조입니다. 또 구조상 帮忙은 '바쁨을 돕다', 结婚은 '혼인을 맺다'라는 의미입니다.

이 합동사는 주로 「전치사+명사+이합동사」의 형태로 쓰입니다. 자주 붙어다니는 전치사를 익혀두면 유용합니다.

我想跟你结婚。　　나는 너와 결혼하고 싶어
wǒ xiǎng gēn nǐ jiéhūn

他在公园散步。　　그는 공원에서 산책한다.
tā zài gōng yuán sànbù

동사 뒤에 다른 성분이 붙어야 할 때 이합동사의 경우에는 주의해야 합니다.

他以前结婚过(X)
tā yǐqián jiéhūn guò

他以前结过婚(O)
tā yǐqián jié guò hūn

(4) 동사의 중첩

동사를 중첩하면 시도, 가벼운 동작이나 행위, 잠깐의 동작을 한다는 의미가 됩니다. '(한 번, 잠깐) ~해본다'는 어감이 되기 때문에 느낌이 가벼워집니다.

동사 중첩은 다음과 같은 형식이 있습니다.

1음절	AA형	等等	看看
	A一A형	想一想	试一试
2음절	ABAB형	休息休息	考虑考虑

你想一想办法吧。　　너는 방법을 좀 생각해 봐.
nǐ xiǎng yi xiǎng bànfǎ ba

请给我看一看。 저에게 좀 보여주세요.
qǐng gěi wǒ kàn yi kàn

大家喝喝茶吧。 여러분 차 좀 드세요.
dàjiā hēhe chá ba

你们再考虑考虑。 너희들은 다시 고려해 봐라~
nǐmen zài kǎolù kǎolù

你们休息休息吧！ 너희들 좀 쉬어라.
nǐmen xiūxi xiūxi ba

我们锻炼锻炼身体吧。 우리 운동을 좀 합시다.
wǒmen duànliànduànliàn shēntǐ ba

동사 뒤에 '一下', '一会儿'을 붙여도 '잠깐 ~한다'는 의미를 표현할 수 있습니다.

我给大家介绍一下。 제가 여러분께 소개할께요.
wǒ gěi dà jiā jiè shào yī xià

请你等一会儿。 조금만 기다려주세요.
qǐng nǐ děng yí huìr

「동사+목적어」 구조의 이합동사를 중첩할 때는 동사만 중첩합니다.

见面见面(X)   见见面(O)
跳舞跳舞(X)   跳跳舞(O)

1. 제시된 단어를 어순에 맞게 배치하여 아래의 문장을 작문하세요.

그는 뉴스를 본다. [看/ 新闻/ 他]

➡ ....。

그는 차를 팔지 않았다. [他/ 车/ 卖/ 没有]

➡ ....。

너는 매일 우유를 마시니? [吗/ 喝/ 咖啡/ 每天/ 你]

➡ ....。

나는 그에게 사과 하나를 준다. [我/ 一个/ 给/ 苹果/ 他]

➡ ....。

그는 나에게 어제의 일을 물었다. [昨天/ 他/ 我/ 的/ 问/ 事情]

➡ ....。

너는 결혼했니? [了/ 你/ 没有/ 结婚]

➡ ....。

나는 매일 그와 만난다. [他/ 跟/ 每天/ 见面/ 我]

➡ ....。

그는 예전에 결혼한 적이 있다 [过/ 他/ 结婚/ 以前]

➠ ....。

2. 제시된 단어를 중첩하여 아래의 문장을 완성하세요.

잠깐만 기다리세요. 그는 금방 나옵니다. [等]
请你(　　　　), 他马上出来。

내가 우선 볼게. 컴퓨터에 문제가 없는지. [看]
我先(　　　　)吧, 电脑有没有问题。

우리 언제 만날 수 있을까 [见面]
我们什么时候可以(　　　　)。

그녀는 자주 혼자 댄스클럽에 가서 춤을 춘다. [跳舞]
她经常一个人去舞厅(　　　　)。

02 조동사

조동사는 능원동사라고도 부릅니다. 소망, 능력, 가능, 필요 등의 의미를
표현합니다. 동사 앞에 위치하며 중첩할 수 없습니다. 不를 붙여 부정형을
만듭니다. 문장 뒤에 吗를 붙이거나 「~不~」의 형식으로 의문문을 만들 수
있습니다.

我	会	说	汉语。
주어	조동사	동사	목적어

기본 문형

我会说汉语。
wǒ huì shuō hànyǔ

你会不会说汉语?
nǐ huìbuhuì shuō hànyǔ

我不会开车。
wǒ bú huì kāichē

我想买自行车。
wǒ xiǎng mǎi zìxíngchē

你得听妈妈的话。
nǐ děi tīng māma de huà

(1) 능력, 가능을 나타내는 조동사

能[néng]: 능력이 되거나 가능성이 있어 할 수 있음을 나타냄
可以[kě yǐ]: 허가를 받아 할 수 있음을 나타냄
会[huì]: (외국어, 운전, 수영처럼) 배워서 할 수 있음을 나타냄

他能完成任务。　그는 임무를 완수할 수 있다.
tā néng wánchéng rènwù

老师今天能来。　선생님은 오늘 오실 수 있어요.
lǎoshī jīntiān néng lái

在教室里可以抽烟吗?　교실 안에서 담배를 피워도 됩니까?
zài jiàoshì li kě yǐ chōuyān ma

我会游泳。　저는 수영을 할 줄 압니다.
wǒ huì yóuyǒng

(2) 소망을 나타내는 조동사

愿意[yuànyì]: ~하기를 바란다
想[xiǎng]: ~하고 싶다
要[yào]: ~하려고 하다

我愿意参加今天的晚会。　저는 오늘 파티에 참가하고 싶어요.
wǒ yuànyì cānjiā jīntiān de wǎnhuì

我想买自行车。　나는 자전거를 사고 싶다.
wǒ xiǎng mǎi zìxíngchē

我要跟她结婚。　나는 그녀와 결혼할 것이다.
wǒ yào gēn tā jiéhūn

(3) 필요를 나타내는 조동사

| ~해야 한다 : | 要[yào] | 应该[yīng gāi] |
| | 得[děi] | 需要[xūyào] |

위의 단어들은 모두 '~해야 한다'는 의미를 표현합니다. 应该는 회화체에서 该만 쓰기도 합니다. 서면어에서는 应만 쓰기도 합니다.

我们应该等她。 우리는 그녀를 기다려야 한다.
wǒ men yīnggāi děng tā

你得听妈妈的话。 너는 엄마의 말을 들어야 한다.
nǐ dé tīng māma de huà

孩子们需要小心。 아이들은 조심해야 한다.
háizimen xūyào xiǎoxīn

会, 可能은 가능을 나타내는 조동사지만 미래에 대한 예측을 표현하기도 합니다.

明天会下雨吗? 내일 비가 올까?
míng tiān huì xiàyǔ ma?

他可能马上回来。 그는 금방 돌아올 거야.
tā kě néng mǎ shàng huí lái。

(4) 부정문과 의문문

조동사가 있는 문장을 부정할 때는 조동사 앞에 不를 붙입니다.

我不想给他打电话。 나는 그에게 전화걸고 싶지 않아.
wǒ bùxiǎng gěi tā dǎ diànhuà

他不愿意喝啤酒。 그는 맥주를 마시고 싶어하지 않는다.
tā bú yuànyì hē píjiǔ

你们不可以吃方面面。 너희들 라면 먹으면 안된다.
nǐmen bù kěyǐ chī fāngbiànmiàn

他们不需要准备汉语书。 그들은 중국어 책을 준비할 필요가 없다.
tāmen bù xūyào zhǔnbèi

老师今天不能回来。 선생님을 오늘 돌아올 수 없어.
lǎoshī jīntiān bùnéng huílai

조동사가 있는 문장을 의문문으로 만들 때는 吗를 붙여도 되고 「~不~」의 형식을 써도 됩니다.

我可以看动画片吗? 제가 만화영화를 봐도 됩니까?
wǒ kě yǐ kàn dònghuàpiān ma

你想去美国吗? 너는 미국에 가고 싶니?
nǐ xiǎng qù měiguó ma

你愿意听王老师的课吗? 너는 왕선생님의 수업을 듣고 싶니?
nǐ yuànyì tīng wánglǎoshī de kè ma

你们要不要喝咖啡? 너희들 커피 마실래?
nǐ men yàobuyào hē kāfēi

我们应不应该听老师的话? 우리들은 선생님의 말을 들어야 합니까?
wǒmen yīngbuyīnggāi tīng lǎoshī de huà

한국어에서는 조동사가 있어도 동사와 부정사가 결합할 수 있지만, 중국어에서는 반드시 조동사와 부정사를 결합시킵니다.

한국어: 나 안만나고 싶어.

중국어: 我想不见面。(X)　　　　　　我不想见面。(O)
　　　　wǒ xiǎng bú jiàn miàn　　　　wǒ bùxiǎng jiàn miàn

1. 제시된 단어를 어순에 맞게 배치하여 아래의 문장을 작문하세요.

저는 출근할 수 없습니다. [上班/ 不/ 我/ 能]

➡ ....。

너는 젓가락질을 할 줄 아니? [会/ 你/ 不/ 用/ 会/ 筷子]

➡ ....。

나는 너를 데리고 중국에 가고 싶어. [你/ 带/ 去/ 想/ 中国/ 我]

➡ ....。

너는 내일 쉰다고 그에게 말해야 한다. [告诉/ 你/ 明天/ 应该/ 休息/ 他]

➡ ....。

여기는 담배펴도 됩니까? [可以/ 吗/ 抽烟/ 这儿]

➡ ....。

저는 조금 일찍 집에 가야합니다. [得/ 早/ 我/ 回家/ 点儿]

➡ ....。

그는 너를 떠나지 않을 꺼야. [离开/ 他/ 会/ 不/ 你]

➡ ....。

내 생각에는 그녀가 잘못 말하지 않았을 꺼야. [不/ 我/ 会/ 觉得/ 说错/ 她]

➡ ....。

나는 그와 함께 가지 않을 것이다. [不/ 一起/ 跟/ 我/ 他/ 去/ 要]

➡ ....。

너는 그와 말다툼을 해서는 안된다. [他/ 不/ 你/ 跟/ 应该/ 吵架]

➡ ....。

03 형용사

형용사는 사람이나 사물의 형태, 성질을 표현하는 단어입니다. 춥다, 맛있다, 비싸다 등과 같은 말입니다. 형용사는 동사 없이 직접 술어로 사용할 수 있습니다.

衣服　　很　　　脏。

주어　　부사　　형용사(술어)

기본 문형

我们很高兴。
wǒmen hěn gāoxìng

这儿的菜贵不贵？
zhèr de cài guìbuguì

今天不冷。
jīntiān bù lěng

她认认真真地学习。
tā rènrènzhēnzhēn de xuéxí

(1) 형용사의 수식

형용사는 부사의 수식을 받을 수 있습니다. 어순은 「부사+형용사」입
니다.

我现在很忙。   나는 지금 바쁘다.
wǒ xiànzài hěn máng

外边太吵。   바깥이 너무 시끄럽다.
wàibiān tài chǎo

昨天很热。   어제는 더웠다.
zuótiān hěn rè

学英语非常难。   영어를 배우는 것은 매우 어렵습니다.
xué yīngyǔ fēicháng nán

형용사가 단독으로 서술어가 될 경우 습관적으로 很을 붙인다.

他个子很高。   그는 키가 크다.
tā gèzǐ hěn gāo。

我们都很好。   우리들은 모두 잘 있다.
wǒmen dōu hěn hǎo

房间很干净。   방이 깨끗하다.
fánjiān hěn gānjìng

형용사로 명사를 수식할 때는 「형용사+的+명사」의 형식을 사용합니다. 이 때 형용사 앞에 수식어를 붙일 수 있습니다.

很漂亮的衣服。　매우 예쁜 옷
hěn piāo liàng de yī fú。

非常便宜的苹果。　매우 싼 사과
fēicháng piàn yi de píng guǒ。

(2) 부정문과 의문문

형용사를 부정사 앞에 不를 붙입니다.

我的手太不干净。　내 손이 너무 더러워.
wǒ de shǒu tài bù gānjìng

今天不冷。　오늘은 춥지 않아.
jīntiān bù lěng

昨天不热。　어제는 덥지 않았어
zuótiān bú rè

房间不脏。　방은 더럽지 않아
fángjiān bù zāng

형용사가 술어인 문장을 의문문으로 만들 때는 吗를 붙여도 되고 「~不~」의 형식을 써도 됩니다.

汉语难吗?　중국어는 어렵니?
hàn yǔ nán ma

这里的葡萄便宜吗?　이곳의 포도는 쌉니까?
zhèli de pútaó piányi ma

这儿的菜贵不贵？　여기 음식이 비싸니?
zhèr de cài guìbuguì

房间干不干净？　방은 깨끗합니까?
fángjiān gānbugānjìng

(3) 형용사의 중첩

형용사를 중첩하면 생동감이 강조됩니다. 형용사를 중첩했을 때는 很, 非常 같은 수식어를 쓸 수 없습니다.

형용사 중첩은 다음과 같은 형식이 있습니다.

1음절	AA형	高高, 大大, 红红
2음절	ABAB형	高高兴兴, 漂漂亮亮
	ABAB형	冰凉冰凉, 雪白雪白

중첩된 형용사가 술어, 관형어로 사용되면 뒤에 的를 붙이고, 부사어로 쓰이면 地를 붙입니다.

她给我一杯热热的水。　그녀는 나에게 뜨거운 물을 한 잔 주었다.
tā gěi wǒ yìbēi rèrè de shuǐ

她说那位老师个子高高的。　그녀는 그 선생님은 키가 크다고 말했다.
tā shuō nà wèi lǎoshī gèzi gāogāo de

红红的苹果非常好吃。　빨간 사과는 매우 맛이 있어요.
hónghóng de píngguo fēicháng hǎochī

她冷冷地说了一句话。　그녀는 냉정하게 한 마디 했다.
tā lěnglěngde shuō le yíjù huà

2음절 형용사는 대부분 AABB 형식으로 중첩합니다. ABAB형식은 많지 않으며 '~처럼 ~하다'는 비유의 의미를 가지는 형용사의 중첩형식입니다. 중첩된 형용사가 술어로 사용되면 뒤에 的를 붙이고, 부사어로 쓰이면 地를 붙입니다.

他们高高兴兴地上学了。 그들은 기쁘게 학교에 갔다.
tāmen gāogaoxìngxìng de shàngxué le

她认认真真地学习。 그녀는 진지하게 공부한다.
tā rènrenzhēnzhēn de xuéxí

小孩子漂漂亮亮的。 아이는 엄청 예뻐요.
xiǎoháizi piàopiaoliàngliàng de

天气很热,我们想喝冰凉冰凉的气水。
tiānqì hěn rè, wǒmen xiǎng hē bīngliángbīngliáng de qìshuǐ
날씨가 더워서, 우리들은 차디찬 사이다를 마시고 싶어요.

她的眉毛乌黑乌黑的。 그녀의 눈썹은 새까맣다.
tā de méimao wūhēiwūhēi de

他笔直笔直地站着。 그는 똑바로 서있다.
tā bǐzhíbǐzhí de zhànzhe

1. 제시된 단어를 어순에 맞게 배치하여 아래의 문장을 작문하세요.

   이번 시험은 너무 어려웠다. [这/ 难/ 次/ 很/ 考试]

   ➡ ....。

   우리 집의 김치가 제일 맛있다. [我/ 最/ 泡菜/ 家/ 好吃/ 的]

   ➡ ....。

   너를 알게 되어 나는 너무 기쁘다. [认识/ 我/ 高兴/ 很/ 你]

   ➡ ....。

   너가 오늘 입은 옷은 예쁘다. [穿/ 的/ 今天/ 漂亮/ 衣服/ 你/ 很]

   ➡ ....。

   차 안의 에어컨이 별로 시원하지 않다. [空调/ 车里/ 凉/ 不/ 的/ 太]

   ➡ ....。

   방이 별로 깨끗하지 않다. [不/ 房间/ 干净/ 太]

   ➡ ....。

   내 룸메이트는 너무 귀엽다. [很/ 的/ 可爱/ 同屋/ 你]

   ➡ ....。

2. 제시된 단어를 중첩하여 아래의 문장을 완성하세요.

그들이 모두 집에 가고 나니 집안이 조용하다. [安静]
他们都回家了, 家里(　　　　)。

그는 대강대강 텔레비전을 보았다. [马虎]
他(　　　　)看电视了。

의사 선생님은 나에게 집에서 잘 쉬도록 했다. [好]
医生让我在家里(　　　　)休息。

명사와 대명사

명사는 사람, 사물, 장소의 이름을 가리키는 단어입니다. 명사는 문장 속에서 주어와 목적어의 역할을 합니다.

<u>孩子</u>　<u>吃</u>　　<u>馒头</u>。
명사(주어)　동사　　명사(목적어)

기본 문형

今天星期天。
jīntiān xīngqī tiān

我们喝了三瓶啤酒。
wǒmen hē le sānpíng píjiǔ

他是我们的司机。
tā shì wǒ men de sījī

这个多少钱?
zhège duōshǎo qián

你找谁?
nǐ zhǎo shéi

谁也不知道。
shéi yě bù zhīdào

(1) 명사 술어문

명사는 문장 속에서 동사 없이 직접 술어가 되기도 합니다. 주로 날짜, 요일, 나이 등을 나타내는 명사가 옵니다.

今天十月一号。　오늘은 10월 1일이다.
jīntiān shíyuè yīhào

现在八点。　지금은 8시이다.
xiànzài bādiǎn

(2) 명사의 수식

명사는 형용사, 동사의 수식을 받을 수 있으며 명사가 직접 명사를 수식할 수 있습니다. 이 때 수식하는 성분과 명사 사이에 的를 사용합니다.

可爱的孩子　귀여운 아이
kěài de háizi

新买的耳机　새로산 이어폰
xīn mǎi de ěrjī

中国的邮票　중국 우표
zhōngguó de yóupiào

명사는 수량사의 수식을 받을 수 있습니다.

两杯酒　두 잔의 술
liǎng bēi jiǔ

三个人　세 사람
sān ge rén

(3) (대)명사의 복수화

「명사+们」의 형식으로 복수를 표현할 수 있습니다. 하지만 수량을 의미하는 수식어가 있을 때는 们을 붙이지 못합니다.

我: 我们   你: 你们   他(她): 他(她)们
学生: 学生们   老师: 老师们   同学: 同学们

很多人们(X)
hěn duō rén men

三个同学们(X)
sān ge tóng xué men

(4) 대명사

대명사는 문장 속에서 주어진 대상을 가리키는 단어입니다. 크게 인칭대명사, 지시대명사, 의문대명사가 있습니다.

□ 인칭대명사: 나, 너, 그(녀)

我   我们(咱们)
你(您) 你们
他/她 他们/她们

你와 您

你를 공손하게 표현할 때 您을 사용합니다.

您贵姓?   당신의 성은 무엇입니까?
nín guì xìng

咱们과 我们

두 단어는 모두 '우리'라는 의미지만 상황에 따라 다르게 사용됩니다. 咱们은 말하는 사람과 듣는 사람이 모두 포함될 때 사용합니다. 我们은 듣는 사람이 포함되지 않아도 사용 가능합니다.

咱们学校: 두 사람이 같은 학교 소속일 때 (친밀감을 강조)
我们学校: 두 사람이 같은 학교 소속이지 않아도 사용 가능

□ 지시대명사: 这와 那

가까운 것은 这, 먼 것은 那를 사용합니다.

	这	那
사물, 사람	这个	那个
장소	这儿(这里)	那儿(那里)
때, 시간	这时候	那时候
상태	这样	那样
방법	这么	那么

□ 의문대명사

의문대명사를 사용하여 의문문을 만들 때는 문장 뒤에 吗를 붙이지 않습니다. 동사를 중첩시키지도 않습니다.

누구	谁[shuí]	你找谁？
언제	什么时候[shén me shí hou]	他什么时候来？
왜	为什么[wèi shén me]	爸爸为什么说你了？
무엇	什么[shén me]	你想吃什么？
어디	哪儿(哪里)[nǎr(nǎli)]	你的朋友在哪儿？
어떻게	怎么[zěn me]	你怎么来？
얼마나	多少[duō shǎo], 几[jǐ]	你们要几瓶啤酒？

「의문대명사+也/都」의 형식으로 예외가 전혀 없음을 표현할 수 있습니다. 뒤에 긍정의 내용, 부정의 내용이 모두 올 수 있습니다.

什么都可以吃。 뭐든지 먹을 수 있다.
shénme dōu kě yǐ chī

什么时候都可以找我。 언제든지 나를 찾아와도 된다.
shénmeshíhòu dōu kě yǐ zhǎo wǒ

谁也不知道。 아무도 모른다.
shéi yě bù zhīdào

의문대명사를 두 번 사용하여 '맘대로 ~하다'의 의미를 표현할 수 있습니다.

你想吃什么就吃什么。　너가 먹고 싶은 것을 먹어라.
nǐ xiǎng chī shénme jiù chī shénme

你想去哪儿就去哪儿。　너가 가고 싶은 곳으로 가라.
nǐ xiǎng qù nǎr jiù qù nǎr

1. 제시된 단어를 어순에 맞게 배치하여 아래의 문장을 작문하세요.

   안경 쓴 여자애 [戴/ 女孩儿/ 的/ 眼镜]

   ➡ ....。

   어제 전화 받은 사람이 누구니? [昨天/ 是/ 电话/ 的/ 谁/ 人/ 接]

   ➡ ....。

   그는 나에게 사진 한 장을 주었다. [照片/ 他/ 我/ 给/ 了/ 一张]

   ➡ ....。

   간호사는 여기에 없습니다. [不/ 护士/ 这儿/ 在]

   ➡ ....。

   그 곳의 겨울은 매우 춥습니다. [的/ 冬天/ 冷/ 那儿/ 特别]

   ➡ ....。

2. 아래에 제시된 단어를 활용하여 문장을 완성하세요.

금년 시험은 어쩌면 이렇게 어렵니?
今年的考试(   )难?

나는 아무 데도 안가.
我(   )也不去。

그가 나를 좋아하는 것은 누구나 안다.
(   )都知道他喜欢我。

너가 사고 싶은 걸 사라.
你们想买(   ), 就买(   )。

내 마음이 어쩌면 이렇게 불편할까.
我心里(   )不舒服?

너가 하고 싶은 말을 해라.
你想说(   ), 就说(   )。

너가 오고 싶을 때 와라.
你想(   )来, 就(   )来。

| 什么 | 什么时候 | 怎么 | 哪儿 | 这么 | 谁 |

수사와 양사

수사는 수를 세는 단어입니다. 양사는 사람이나 사물의 개수와 동작의 회수를 세는 단위를 말합니다.

我 有 两 个 朋友。
주어 동사 수사 양사 명사
　　　　　 목적어

기본 문형

两杯酒
liǎng bēi jiǔ

我有一些行李。
wǒ yǒu yīxiē xínglǐ

多吃点儿。
duō chī diǎnr

这件衣服有点贵。
zhè jiàn yī fú yǒu diǎn guì

我找你三次了。
wǒ zhǎo nǐ sān cì le

(1) 중국어의 수사와 양사

수사는 1, 2, 3 혹은 하나, 둘, 셋 처럼 수를 세는 단어이며 양사는 (한) 개, (한) 분, (한) 번처럼 개수나 회수를 세는 단어입니다. 우리 말 '한 그루'처럼 수사와 양사는 항상 붙어다닙니다. 중국어는 양사가 발달 했기 때문에 사물이나 동작의 성질에 따라 다양한 양사를 사용합니다.

一　二　三　四　五　六　七　八　九　十　百　千　万

중국어에서는 「수사+양사+명사」의 어순을 사용합니다.

三个人　　세 사람
sān ge rén

一杯酒　　술 한 잔
yì bēi jiǔ

四本汉语书　　중국어 책 4권
sì běn hànyǔshū

三只猫　　고양이 세 마리
sān zhī māo

☐ 二과 两

우리 말에서는 '일, 이, 삼…'과 '하나, 둘, 셋…'처럼 수를 세는 말과 수량을 세는 말이 다르지만 중국어에서는 二을 제외하고 모두 같습니다.

二: 수를 읽을 때, 순서를 얘기할 때
两: 수의 양을 셀 때

2月: [èryuè]　　　　212号(房间): [èr yāo èr hào(fángjiān)]
两个人: [liǎng ge rén]　　两本书: [iǎng běn shū]

12와 20은 뒤에 양사가 있어도 两을 쓰지 않고 二을 씁니다.

十二个小时   二十块钱

一는 원래 1성이지만 상황에 따라 성조가 변합니다.

一 + 1성: 4성   一家
一 + 2성: 4성   一条
一 + 3성: 4성   一点儿
一 + 4성: 2성   一块

뒤에 있는 4성이 경성으로 변한 경우에는 2성으로 읽습니다.

一个 [yíge]

(2) 명량사

명량사는 명사의 개수를 세는 양사입니다.

个[gè]	가장 광범위하게 사용. 개	~人, ~问题
位[wèi]	사람을 높여 부르는 양사. 분	~人, ~客人
口[kǒu]	식구, 가족에 사용.	~人
家[jiā]	회사나 기업(영리 사업)	~商店, ~公司
所[suǒ]	학교, 병원(비영리 사업)	~学校, ~医院
件[jiàn]	사건, 일, 서류	~事, ~衣服
张[zhāng]	넓고 평평한 사물	~床, ~纸
只[zhī]	작은 동물	~狗, ~猫
条[tiáo]	가늘고 긴 사물, 동물	~路, ~鱼
双[shuāng]	쌍, 켤레	~鞋, ~筷子
套[tào]	세트	~家具, ~房子

□ 「一 +양사+명사」에서 一는 생략할 수 있습니다.

吃个汉堡包。 햄버거를 먹다
chī ge hànbǎobāo

买点儿衣服。 옷을 조금 사다
mǎi diǎnr yīfú

□ 一些와 一点(儿)

一些와 一点(儿)은 모두 '조금'을 의미하는 양사입니다. 一些는 사람, 사물에 두루 쓸 수 있지만 一点(儿)은 사람에 쓰지 못합니다. 부정문에서는 一点(儿)만 사용할 수 있고 一些는 사용하지 못합니다.

我有一些行李。　　他现在有一点(儿)事。
wǒ yǒu yìxiē xínglǐ　　tā xiànzài yǒu yìdiǎn(r) shì
나는 짐이 조금 있다.　　그는 지금 일이 조금 있다.

我的病好一些了。
wǒ de bìng hǎo yì xiē le
내 병은 조금 좋아졌다.

我一点(儿)也不累。
wǒ yìdiǎn(r) yě bú lèi
나는 조금도 피곤하지 않다.

有一些 : 有一点 : 一点

'些'와 '点(儿)' 앞에 有를 붙일 수 있습니다. 有些와 有点(儿)은 형용사, 동사 앞에 위치합니다. 주로 뭔가 부족하고 마음에 들지 않는 상황에서 사용합니다.

房子靠马路, 有些吵。　방이 큰길에 붙어있어 조금 시끄럽다.
fángzǐ kào mǎlù, yìxiē zāng

那个地方有一点(儿)脏。　그 곳은 조금 더럽다.
nà ge dìfang yǒu yī diǎnr zàng

有一点(儿)은 형용사 앞에 위치하지만 一点(儿)은 형용사, 동사 뒤에 위치합니다.

这件衣服有点贵。　이 옷은 조금 비싸다.
zhèjiàn yīfu yǒudiǎn guì

这件比那件贵一点。　이 옷은 저 옷보다 조금 비싸다.
zhèjiàn bǐ nàjiàn guì yìdiǎn

(3) 동량사

동량사는 동작의 회수를 세는 양사입니다.

次[cì]	가장 광범위하게 사용(번, 회)	我去过两次北京。
回[huí]	반복적인 동작의 회수	我们想去香港玩儿一回。
场[chǎng]	운동경기, 영화, 자연현상	今天晚上有一场比赛。
趟[tàng]	왕복을 나타냄.	前几天去了一趟上海。
遍[biàn]	한 동작의 전 과정	请你再说一遍。

□ 「수사+동량사」의 위치

「수사+동량사」가 부사어로 쓰일 때 목적어가 사람인지 아닌지에 따라 어순이 바뀝니다.

목적어가 사람: 동사 + 목적어 + 동량사
我找你三次了。　　나는 그를 세 번 찾았다.
wǒ zhǎo nǐ sāncì le

목적어가 사람이 아님: 동사 + 동량사 + 목적어
我看过两次那个电影。　　나는 그 영화를 두 번 보았다.
wǒ kànguo liǎngcì nàge diànyǐng

목적어가 지명: 동량사가 목적어 앞, 뒤에 모두 가능
我去过一次青岛。　　나는 청도에 한 번 간 적 있다.
wǒ qùguo yīcì qīngdǎo

我去过青岛一次。　　나는 청도에 한 번 간 적 있다.
wǒ qùguò qīngdǎo yícì

시간보어의 위치

「수사+동량사」뿐 아니라 시간보어가 있을 때도 목적어가 사람인지 아닌지에 따라
어순이 바뀝니다.

목적어가 사람: 동사 + 목적어 + 시간보어
我等你三年了。   나는 너를 3년 기다렸다.
wǒ děng nǐ sān nián le

목적어가 사람이 아님: 동사 + 시간보어 + 목적어
我学了两年汉语。   나는 2년동안 중국어를 배웠다.
wǒ xué le liǎng nián hàn yǔ

1. 제시된 단어를 어순에 맞게 배치하여 아래의 문장을 작문하세요.

나는 너가 집을 한 채 샀다고 들었다. [你/ 一套/ 听说/ 房子/ 我/ 买/ 了]

➡ ....。

나는 지금 조금도 바쁘지 않아요. [也/ 我/ 一点儿/ 现在/ 不/ 忙]

➡ ....。

더 드세요. [一点儿/ 吃/ 再]

➡ ....。

나는 지금 약간 긴장했다. [我/ 紧张/ 有点儿/ 现在]

➡ ....。

너 혼자 나가는 것은 조금 위험하다. [危险/ 你/ 有点儿/ 出去/ 一个人]

➡ ....。

나는 비행기를 두 번 타보았습니다. [飞机/ 我/ 两次/ 坐/ 过]

➡ ....。

그는 아들을 한 번 때린 적 있다. [过/ 打/ 一次/ 儿子/ 他]

➡ ....。

나는 너를 두 시간 동안 찾았다. [找/ 我/ 两个小时/ 你/ 了]

➡ _____。

그는 한 시간 동안 만화영화를 보았다. [动画片/ 他/ 了/ 一个小时/的 /看/ 了]

➡ _____。

2. 다음의 문장에 알맞는 양사를 아래에서 선택하여 문장을 완성하세요.

我家的狗生了三(   )小狗。　　家里有两(   )客人。

这(   )路太危险。　　　　　　老师给我了一(   )纸。

他是一(   )公司的老板。　　　我不知道那(   )事。

你的心情好(   )了吗?　　　　 我还得去一(   )。

(   )年轻人来帮助我了。　　　我们见过两(   )。

我已经给他说了一(   )。　　　我没看昨天的那(   )比赛。

场	只	次	位	家	一些
遍	趟	条	张	件	一点

전치사

전치사는 명사나 대명사의 앞에 붙여서 동작과 관련된 시간, 장소, 대상, 범위 등에 대한 표현을 돕습니다. 개입하는 성분이기 때문에 중국에서는 개사(介詞)라고 부릅니다. 전치사와 명사가 결합한 형태를 전치사구라고 하는데 전치사구는 문장에서 부사어의 역할을 합니다.

他们　　在　　咖啡厅　　聊天儿。
주어　　전치사　　명사　　　　동사
　　　　　　부사어

기본 문형

从现在开始。
cóng xiànzài kāishǐ

他在家里等你。
tā zài jiālǐ děng nǐ

他对女朋友很好。
tā duì nǚpéngyou hěn hǎo

往前走。
wǎng qián zǒu

由于时间的问题,我想退票。
yóuyú shíjiān de wèntí, wǒ xiǎng tuìpiào

(1) 장소, 시간

☐ 从: '～부터'

시간과 장소에 모두 사용됩니다. 이 때의 시간과 장소는 모두 구체적
인 시점과 지점입니다.

从现在开始。　지금부터 시작한다.
cóng xiànzài kāi shǐ

他刚从北京回来了。　그는 북경에서 돌아왔다.
tā gāng cóng běijīng huílái le

☐ 离: '～부터'

시간과 장소에 모두 사용됩니다. 离는 공간적·시간적 거리를 나타낼
때 기준점이 되는 시간과 장소를 나타내는 명사 앞에 씁니다.

你家离这儿远吗?　너희 집은 여기서 머니?
nǐ jiā lí zhèr yuǎn ma

现在离考试还有一个星期。　지금 시험까지는 일주일 남았다.
xiànzài lí kǎoshì háiyǒu yíge xīngqī

☐ 在: '～에', '～에서'

我们在2008年夏天结婚了。　우리는 2008년 여름에 결혼했다.
wǒmen zài èrlínglíngbā nián xiàtiān jiéhūn le

他在家里等你。　그는 집에서 너를 기다린다.
tā zài jiāli děng nǐ

在와 上, 中, 下

在~上: 방면에서 사용 在历史上(역사적으로)

在~中: 범위에서 사용 在许多词典中(많은 사전에서)

在~下: 조건에서 사용 在老师的指导下(선생님의 지도하에)

(2) 대상

□ 给: '~에게'

我给他打电话了。　나는 그에게 전화를 걸었다.
wǒ gěi tā dǎ diànhuà le

他会给你说明。　그가 너에게 설명해줄꺼야.
tā huì gěi nǐ shuōmíng

□ 跟, 和: '~와', '~에게'

你为什么没有跟我说?　너는 왜 나에게 말하지 않았니?
nǐ wèishénme méiyǒu gēn wǒ shuō

我们经常和王老师联系。　우리는 자주 왕선생님과 연락한다.
wǒmen jīngcháng hé wánglǎoshī liánxì

□ 对: '~에게', '~에 대해'

他对女朋友很好。
tā duì nǚpéngyou hěn hǎo
그는 여자친구에게 참 잘한다.

他们对韩国足球队很有兴趣。
tā men duì hánguó zúqiúduì hěn yǒu xìngqù
그들은 한국축구팀에 대해 아주 흥미가 있다.

(3) 방향

□ 往: '~를 향해'

往右拐就能看见。　오른쪽으로 돌면 볼 수 있다.
wǎng yòu guǎi jiù néng kànjiàn。

往前走。　앞으로 가다.
wǎng qián zǒu。

□ 朝, 向: '~를 향해'
朝, 向은 往과 같은 의미지만 세부적인 용법에 차이가 있습니다.
■ 朝, 向은 뒤에 사람이 올 수 있지만 往은 오지 못합니다.
■ 往과 向은 开, 送, 飞, 派, 流 등 단음절 동사 뒤에 사용할 수 있지만
朝는 사용할 수 없습니다.

他朝(向)我笑。(O)　그는 나를 향해 웃는다.
tā cháo(xiàng) wǒ xiào

他往我笑。(X)
tā wǎng wǒ xiào

飞机飞往(向)香港。(O)　비행기가 홍콩을 향해 난다.
fēijī fēi wǎng(xiàng) xiānggǎng

飞机飞朝香港。(X)
fēijī fēi cháo xiānggǎng

(4) 근거

□ 按照: '~에 따라'
어떤 기준에 따라 행동할 때 사용합니다.

按照他的要求, 我们从新选了班长。
ànzhào tā de yāoqiú, wǒmen cóngxīn xuǎn le bānzhǎng
그의 요구에 따라 우리는 반장을 새로 뽑았다.

按照医生的建议, 他每天晚上出去散步。
ànzhào yīshēng de jiànyì, tā měitiān wǎnshang chūqù sànbù
의사의 건의에 따라 그는 매일 저녁 산책하러 나간다.

□ 根据: '~를 근거로'
객관적인 사실이나 조사결과에 근거하여 행동할 때 사용합니다.

根据他发表的内容, 我们下了结论。
gēnjù tā fābiǎo de nèiróng, wǒmen xià le jiélùn
그가 발표한 내용에 따라 우리는 결론을 내렸다.

根据这件事说, 他不像是个好人。
gēnjù zhè jiàn shì shuō, tā bú xiàng shì ge hǎorén
이 일에 근거해서 말하자면 그는 좋은 사람같지 않다.

(5) 이유, 목적

□ 由于: '~ 때문에'

由于时间的问题, 我想退票。
yóuyú shíjiān de wèntí, wǒ xiǎng tuìpiào
시간적인 문제 때문에 나는 표를 환불하고 싶다.

由于工作太忙, 很不容易抽时间。
yóuyú gōngzuò tài máng, hěn bùróngyì chōu shíjiān
일이 너무 바쁘기 때문에 시간내기가 어렵다.

□ 为了: '～를 위해'

为了提高汉语水平，他经常看中国电视剧。
wèile tígāo hànyǔ shuǐpíng, tā jīngcháng kàn zhōngguó diànshìjù
중국어 수준을 높이기 위해 그는 자주 중국드라마를 본다.

爸爸，为了健康尽快戒烟吧。
bàbà, wèile jiànkāng jìnkuài jièyān ba
아빠, 건강을 위해 빨리 담배를 끊으세요.

1. 제시된 단어를 어순에 맞게 배치하여 아래의 문장을 작문하세요.

   나는 너와 상의 좀 하고 싶다. [想/ 你/ 跟/ 商量/ 我/ 一下]

   ➡ ....。

   지하철역으로 가려면 어느쪽으로 갑니까? [哪边/ 去/ 往/ 走/ 地铁站]

   ➡ ....。

   저는 인천에서 자랐습니다. [长大/ 我/ 仁川/ 在/ 了]

   ➡ ....。

   그는 2008년부터 작년까지 여기에서 근무했습니다. [这儿/ 他/ 从/ 在/ 到/ 去年/ 2008年/ 工作]

   ➡ ....。

   그는 누구에게 웃는거니? [笑/ 他/ 谁/ 向]

   ➡ ....。

   제가 여러분께 제 여자친구를 소개하겠습니다. [大家/ 我的/ 我/ 一下/ 给/ 介绍/ 女朋友]

   ➡ ....。

나는 나의 이름에 대해 약간 불만이 있다. [有点儿/ 我/ 不满意/ 对/ 我的名字]

➡ ....。

2. 다음의 문장에 맞는 전치사를 아래에서 선택하여 문장을 완성하세요.

이 일은 나와 상관없다.
这件事(　　　　)我没有关系。

그는 막 일본에서 돌아왔다.
他刚(　　　　)日本回来了。

너의 의견에 우리는 모두 동의한다.
(　　　　)你的意见，我们都同意。

식당은 여기에서 겨우 300미터입니다.
餐厅(　　　　)这儿只有三百米。

서울역에서 공항까지 몇시간 걸립니까?
(　　　　)首尔站(　　　　)机场要几个小时？

일기예보에 의하면 내일 눈이 온다고 한다.
(　　　　)天气预报说，明天下雪。

신호등까지 가서 우회전 하세요.
到红绿灯(　　　　)右拐。

안전을 위해 우선 기다려주세요.
(　　　　)安全，请您先等一下。

다이어트 때문에 저는 지금 채소밖에 못먹어요.
(　　　　)减肥，我现在只能吃蔬菜。

向	从	和	根据	离
为了	往	到	由于	对

조사 보어 살펴보기

동태조사

동사 뒤에 위치하여 동작의 완료, 진행(지속), 경험 등의 상태를 표현하는 조사입니다. 了, 着, 过가 있고 모두 경성으로 읽습니다.

他 　已经 　买 　票 　了。
주어 　부사 　동사 　목적어 　동태조사

(1) 了

동사 뒤에 붙어 동작이나 행위가 완료되었음을 표현합니다.

他已经走了。 그는 이미 떠났다.
tā yǐjīng zǒu le

我买了一个手机。 나는 휴대폰을 하나 샀다.
wǒ mǎi le yíge shǒujī

他今天卖了三斤猪肉。 그는 오늘 돼지고기 세 근을 팔았다.
tā jīntiān mài le sānjīn zhūròu

我们昨天背了两首诗。 우리들은 어제 시 두 편을 외웠다.
wǒmen zuótiān bèi le liǎngshǒu shī

□ 了는 과거시제가 아니다

了는 동작의 완료를 표현하는 것이며 과거의 상황임을 표현하지는 않습니다. 과거의 일이지만 반복적, 습관적인 동작의 경우 了를 붙이지 않습니다.

春天常常刮了风。(X)
chūntiān chángcháng guā le fēng

春天常常刮风。(O)
봄에는 자주 바람이 분다.

这个星期，我每天都打了网球。(X)
zhège xīngqī, wǒ měitiān dōu dǎ le wǎngqiú

这个星期，我每天都打网球。(O)
이번 주, 나는 매일 테니스를 쳤다.

□ 부정문

 부정문을 만들 때는 동사 앞에 没有를 붙입니다. '~하지 않았다'는
의미가 됩니다. 了를 쓰면 틀린 문장이 됩니다. 왜냐하면 了는 어떤
일을 '이미 했다'는 의미이기 때문입니다.

我昨天没有去公园了。(X)
wǒ zuó tiān méiyǒu qù gōng yuán le

我昨天没有去公园。(O)
나는 어제 공원에 가지 않았다.

我没有给他打电话了。(X)
wǒ méiyǒu gěi tā dǎ diànhuà le

我没有给他打电话。(O)
나는 그에게 전화걸지 않았다.

□ 의문문

 문장 뒤에 吗를 붙이는 형식 외에 「~了没有」, 「동사+没+동사」의
형식을 사용할 수 있습니다.

你买火车票了吗?
nǐ mǎi huǒchēpiào le méiyǒu ma

你买火车票了没有?
nǐ mǎi huǒchēpiào le méiyǒu

你买没买火车票?
nǐ mǎi méi mǎi huǒchēpiào
너는 기차표를 샀니?

你给他打电话了吗?
nǐ gěi tā dǎ diànhuà le ma

你给他打电话了没有?
nǐ gěi tā dǎ diànhuà le mei yǒu

你给他打没打电话?
nǐ gěi tā dǎ méi dǎ diànhuà
너는 그에게 전화를 걸었니?

□ 말이 덜 끝난 느낌

我买了书。　나는 책을 사고...
wǒ mǎi le shū

我买书了。　나는 책을 샀다.
wǒ mǎi shū le

문장 끝에 조사 了를 쓴 두 번째 문장은 말이 끝났다는 느낌을 주는데 동사 뒤에 了를 쓴 첫 번째 문장은 뒤에 말이 더 있을 것 같은 느낌입니다. 그런데 아래와 같이 목적어에 한정어를 붙인다면 말이 끝난 느낌이 됩니다.

我买了一本书。　나는 책을 한 권 샀다.
wǒ mǎi le yìběn shū

我买了很多书。　나는 많은 책을 샀다.
wǒ mǎi le hěn duō shū

이런 용법을 활용하면 문장을 계속 이어갈 수 있습니다. '~하고 나서 ~했다'는 의미를 표현합니다.

我买了书, 就回家。　나는 책을 사고 집에 돌아왔다.
wǒ mǎi le shū, jiù huíjiā

我换了衣服, 就下去了。　나는 옷을 갈아입고 내려갔다.
wǒ huàn le yīfú, jiù xiàqù le

我每天吃了饭, 就上学　나는 매일 밥을 먹고 학교에 간다.
wǒ měitiān chī le fàn, jiù shàngxué

시간보어가 동반되는 문장에서 동사 뒤에 了를 붙이고 문장 끝에 다시 了를 붙이면 현재까지도 그 행위가 지속되고 있음을 표현하거나 경과된 시간을 나타내 줍니다.

她等了你三年了。　그녀는 너를 3년 기다리고 있는 중이다.
tā děng le nǐ sānnián le

我在北京住了一年了。　나는 북경에서 1년째 살고 있는 중이다.
wǒ zài běijīng zhù le yīnián le

妈妈洗毛衣洗了两个小时了。
māma xǐ máoyī xǐ le liǎngge xiǎoshí le
엄마는 스웨터를 두 시간 동안 빨고 있다.

老师离开了三十分钟了。　선생님은 떠나신지 30분 됐다.
lǎoshī líkāi le sānshí fēnzhōng le

他死了十年了。　그는 죽은 지 10년 됐다.
tā sǐ le shínián le

老师离开学校三十分钟了。　선생님이 학교를 떠난 지 30분 됐다.
lǎoshī líkāi xuéxiào sānshí fēnzhōng le

(2) 着

동사 뒤에 붙어 동작이나 행위가 지속되고 있음을 표현합니다.

门开着。　문이 열려있다.
mén kāi zhe

大家等着你呢。　사람들이 너를 기다리고 있다.
dàjiā děng zhe nǐ ne

☐ 동작의 진행을 표현하는 正在, 正, 在와 함께 사용할 수 있습니다.

外边正在下着大雨呢。　바깥에는 비가 내리고 있는 중이다.
wàibiān zhèngzài xià zhe dàyǔ ne

我在说着呢。　나는 말하고 있는 중이다.
wǒ zài shuō zhe ne

☐ 부정문과 의문문

부정문을 만들 때는 동사 앞에 没有를 붙입니다. 着는 그대로 둡니다.

他没有坐着, 站着呢。　그는 앉아있지 않고 서있다.
tā méiyǒu zuò zhe, zhàn zhe ne

名片上没有写着地址。　명함에 주소가 써있지 않다.
míngpiànshang méiyǒu xiě zhe dìzhǐ

의문문을 만들 때는 문장 뒤에 吗를 붙이거나 「동사+着没有」의 형식을 사용합니다.

他们还在等着吗?　그들은 아직도 기다리고 있니?
tāmen hái zài děng zhe ma

他们还在等着没有?　그들은 아직도 기다리고 있니?
tāmen hái zài děng zhe méiyǒu

(3) 过

동사 뒤에 붙어 과거의 경험을 표현합니다.

> 我去过中国。　나는 중국에 간 적 있다.
> wǒ qùguo zhōngguó

> 他见过我的爱人。　그는 내 아내를 만난 적 있다.
> tā jiànguo wǒ de àirén

> 我们吃过中国菜。　우리들은 중국음식을 먹어봤다.
> wǒmen chīguo zhōngguócài

□ 부정문과 의문문

부정문을 만들 때는 동사 앞에 没有를 붙입니다. 过는 그대로 둡니다.

> 他没吃过四川菜。　그는 사천요리를 먹어본 적이 없다.
> tā méi chīguo sìchuāncài

> 我从来没有跟他说过。　나는 아직껏 그와 얘기한 적이 없다.
> wǒ cónglái méiyǒu gēn tā shuōguo

> 他们没去过法国。　그들은 프랑스에 가본 적이 없다.
> tāmen méi qùguo fǎguó

의문문을 만들 때는 문장 끝에 吗를 붙이거나 「동사+没有」의 형식을 사용합니다.

> 你坐过上海的地铁吗?　너는 상해의 지하철을 타본 적 있니?
> nǐ zuòguo shànghǎi de dìtiě ma

> 你学过汉语没有?　너는 중국어를 배운 적 있니?
> nǐ xuéguo hànyǔ méiyǒu

> 你们去过迪斯尼乐园吗?　너희들은 디즈니랜드에 가본 적이 있니?
> nǐmen qùguo dísīnílèyuán ma

□ 이합동사와 过

「동사+목적어」의 구조의 이합동사는 동사 뒤에 过를 붙여야 합니다.

见面过(X)　　　　　见过面(O)
jiàn miàn guò　　　　jiàn guò miàn

结婚过(X)　　　　　结过婚(O)
jié hūn guò　　　　　jié guò hūn

我们好像以前见过面。　우리는 예전에 만난 적 있는 것 같다.
wǒmen hǎoxiàng yǐqián jiàn guo miàn

听说他以前结过婚。　듣기로는 그가 예전에 결혼한 적이 있다고 한다.
tīngshuō tā yǐqián jié guo hūn

过가 동사 뒤에 붙어 완료를 나타내는 경우도 있습니다. 이 때는 경성으로 읽어도
되고 4성으로 읽어도 됩니다.

我已经给他打过电话。　나는 이미 그에게 전화를 걸었다.
晚饭, 你吃过了吗?　너는 저녁을 먹었니?

연습문제

1. 제시된 단어를 어순에 맞게 배치하여 아래의 문장을 작문하세요.

나는 택시를 타고 왔다. [了/ 出租车/ 我/ 来/ 坐]

➡ _____。

그는 입원하지 않았어요. [住院/ 他/ 没有]

➡ _____。

나는 그를 일주일째 찾고 있어요. [我/ 了/ 他/ 找/ 一个星期/ 了]

➡ _____。

그들은 만난 적이 없습니다. [过/ 没有/ 见面/ 他们]

➡ _____。

그녀는 아이를 키운 적이 없습니다. [过/ 没有/ 她/ 孩子/ 养]

➡ _____。

그는 울면서 미안하다고 말했다. [说/ 他/ 哭/ 对不起/ 着]

➡ _____。

2. [了 / 过 /着] 중에서 적당한 동태조사를 선택하여 문장을 완성하세요.

그는 전화를 끊었다.
他挂电话(　　　　)。

나는 예전에 북경에서 중국어를 배운 적 있다.
我以前在北京学(　　　　)汉语。

컴퓨터가 아직도 켜져있니?
电脑还在开(　　　　)吗?

나는 다른 사람을 때린 적이 없다.
我没有打(　　　　)别人。

너 땀 흘렸니?
你出汗(　　　　)没有?

그녀는 공항에서 너를 한시간째 기다리고 있다.
他在机场等(　　　　)你一个小时(　　　　)。

그녀는 내 말을 듣더니 화를 냈다.
她听(　　　　)我的话, 就生气(　　　　)。

어기조사

문장 끝에 위치하여 말하는 사람의 말투나 기분을 표현하는 조사입니다.
了, 呢, 吧, 的 등이 있고 모두 경성으로 읽습니다.

你   瘦   了。
주어   형용사(술어)   어기조사

기본 문형

他有女朋友了。
tā yǒu nǚpéngyou le

对不起, 我不想去呢。
duìbuqǐ, wǒ bùxiǎng qù ne

我喝咖啡, 你呢?
wǒ hē kāfēi, nǐ ne

我们休息五分钟吧。
wǒmen xiūxi wǔfēnzhōng ba

她一定会打我的。
tā yídìng huì dǎ wǒ de

(1) 了

문장 끝에 써서 상황, 상태의 변화를 나타냅니다. 예를 들어 '돈이 있다'는 '有钱'으로 표현하지만 '돈이 생겼다'는 변화된 상태입니다. 그래서 어기조사 了를 붙여 '有钱了' 또는 '有了钱'으로 표현합니다.

我脸红了。　나는 얼굴이 빨개졌다.
wǒ liǎn hóng le

他有女朋友了。　그는 여자친구가 생겼다.
tā yǒu nǚpéngyou le

十一点了。　11시가 됐다.
shíyī diǎn le

(2) 呢

부정문에서 부드러운 말투를 표현하며 正在, 正, 在와 함께 사용하여 상황이나 동작의 지속을 표현합니다.

对不起，我不想去呢。　미안해, 나는 가고 싶지 않아.
duìbuqǐ wǒ bùxiǎng qù ne

他在门口等着呢。　그는 입구에서 기다리고 있어.
tā zàiménkǒu děngzhe ne

王老师正在喝咖啡呢。　왕선생님은 커피를 드시고 계신다.
wáng lǎoshī zhèngzài hē kāfēi ne

명사, 대명사 뒤에 사용하여 '~는?'의 의미를 표현합니다.

我喝咖啡，你呢?　나는 커피 마실래, 너는?
wǒ hē kāfēi nǐ ne

听说他不去，你呢？　그는 안간다고 하더라, 너는?
tīngshuō tā bú qù nǐ ne

我们该回家了，你们呢？　우리들은 집에 가야하는데, 너희들은?
wǒmen yīnggāi huíjiā le, nǐmen ne

(3) 吧

추측, 권유의 의미를 표현합니다.

这是你的儿子吧。　얘가 너의 아들이구나.
zhè shì nǐ de érzi ba

我们休息五分钟吧。　우리 5분 쉬자.
wǒmen xiūxī wǔ fēnzhōng ba

我们一起锻炼身体吧。　우리 함께 몸을 단련하자.
wǒmen yìqǐ duànliàn shēntǐ ba

(4) 的

긍정, 확신, 단정의 의미를 표현합니다.

她一定会打我的。　그녀는 틀림없이 나를 때릴 꺼야.
tā yídìng huì dǎ wǒ de

你一定会考上大学的。　너는 틀림없이 대학에 합격할 꺼야.
nǐ yídìng huì kǎoshàng dàxué de

小孩子的胖手非常可爱的。　아이의 통통한 손이 엄청 귀엽다.
xiǎoháizi de pàng shǒu fēicháng kěài de

1. 제시된 단어를 어순에 맞게 배치하여 아래의 문장을 작문하세요.

   내 명함이 없어졌다. [我/ 没有/ 的/ 了/ 名片]

   ➡ ....。

   우리 며칠 지나서 다시 얘기하자. [过/ 我们/ 吧/ 再/ 几天/ 说]

   ➡ ....。

   나는 전화받는 중이예요. [呢/ 我/ 电话/ 在/ 接]

   ➡ ....。

   아빠의 몸은 반드시 좋아질 꺼예요. [会/ 身体/ 的/ 一定/ 好/ 爸爸/ 的]

   ➡ ....。

   너 내 이름을 잊어버렸구나. [吧/ 你/ 我/ 的/ 忘/ 了/ 名字]

   ➡ ....。

   저는 아이를 보고 있는 중이예요. [看/ 呢/ 我/ 孩子/ 正在]

   ➡ ....。

2. [了/ 呢/ 吧/ 的] 중에서 적당한 동태조사를 선택하여 문장을 완성하세요.

우리 콜라 마시자.
我们喝可乐(   )。

나는 그와 함께 있기 싫어. 너는?
我不想跟他在一起, 你(   )?

내일 정전되지 않을 꺼야.
明天不会停电(   )。

곧 방학이다.
快放假(   )。

03 구조조사

단어나 구 뒤에 위치하여 문법적 작용을 하는 조사입니다. 的, 地, 得가
있고 모두 경성으로 읽습니다.

<u>这儿</u>　<u>的</u>　<u>面条</u>　　<u>很</u>　<u>好吃</u>。
명사　구조조사　명사　　부사　형용사
　　　주어　　　　　　　술어

기본 문형

早上出来的人很多。
zǎoshang chūlái de rén hěn duō

他们很高兴地回去了。
tāmen hěn gāoxìng de huíqù le

你好好地休息吧。
nǐ hǎohǎo de xiūxī ba

他今天来得早。
tā jīntiān lái dé zǎo

(1) 的

명사, 대명사 앞에 붙어 그 명사, 대명사를 수식합니다.

这是我的书。　이것은 나의 책입니다.
zhè shì wǒ de shū

那个很漂亮的孩子是我妹妹。　저 예쁜 아이는 내 여동생입니다.
nà ge hěn piàoliang de háizi shì wo mèimei

早上出来的人很多。　아침에 나오는 사람이 많다.
zǎoshang chūlái de rén hěn duō

爸爸喜欢喝的饮料是红茶。　아빠가 좋아하는 음료는 홍차이다.
bàba xǐhuan hē de yǐnliào shì hóngchá

(2) 地

술어 앞에 있는 성분을 부사어로 만들어 술어를 수식합니다.

他们很快地回去了。　그들은 빨리 돌아갔다.
tāmen hěn kuài de huíqù le

那个孩子很认真地学习。　그 아이는 열심히 공부한다.
nàge háizi hěn rènzhēn de xuéxí

别马马虎虎地听我的话。　나의 말을 대충대충 듣지 마세요.
bié mǎmahǔhǔ de tīng wǒ de huà

老师幸福地笑了。　선생님은 행복하게 웃으셨습니다.
laǒshī xìngfú de xiào le

단음절 형용사를 중첩시켜 地를 붙일 때 두 번째 음절은 1성으로 읽습니다. 儿化를 시키기도 합니다.

慢 ⇨ 慢慢地, 慢慢儿地
好 ⇨ 好好地, 好好儿地

他慢慢(慢慢儿)地回答了。　그는 천천히 대답했다.
tā mànmān(mànmār) de huídá le

你好好(好好儿)地休息吧。　너는 잘 쉬어라.
nǐ hǎohāo(hǎohār) de xiūxi ba

(3) 得

동사, 형용사로 된 술어 뒤에 붙여 그 상황의 정도를 보충 설명합니다.

他今天来得很早。　그는 오늘 일찍 왔다.
tā jīntiān lái dé hěn zǎo

腰疼得不能走路。　걷지 못할 정도로 허리가 아프다.
yāo téng dé bù néng zǒulù

1. 제시된 단어를 어순에 맞게 배치하여 아래의 문장을 작문하세요.

그가 쓴 글씨는 아주 예쁘다. [写/ 他/ 字/ 的/ 好看/ 很]

➡ _____。

그녀는 천천히 고개를 끄덕였다. [地/ 她/ 点头/ 慢慢/ 了]

➡ _____。

길에서 자는 사람이 많다. [在/ 睡觉/ 的/ 路上/ 不少/ 人]

➡ _____。

너 어쩌면 이렇게 빠르게 국수를 먹니? [得/ 你/ 吃/ 怎么/ 快/ 这么/ 面条/ 啊]

➡ _____。

그는 매우 열정적으로 우리를 접대했다. [地/ 他/ 热情/ 非常/ 我们/ 接待/ 了]

➡ _____。

그 식당은 종업원이 아주 많다. [服务员/ 那家/ 很/ 餐厅/ 得/ 多]

➡ _____。

2. [的/ 地/ 得] 중에서 적당한 구조조사를 선택하여 문장을 완성하세요.

선생님의 아들은 우리 누나의 동창이다.
老师(　　　)儿子是我姐姐(　　　　)同学。

물가가 매우 심하게 오른다.
物价涨(　　　)很厉害。

엄마는 만족스럽게 웃었다.
妈妈满意(　　　)笑了。

그는 빨리 대답했다.
他很快(　　　)回答了。

그는 아주 재미있게 생일을 보냈다.
他生日过(　　　)很愉快。

정도보어

동사, 형용사로 된 술어 뒤에 위치하여 동작, 상태의 정도를 보충 설명합니다.

我 今天 来 得 很早。
주어 부사 동사 得 정도보어

他说得很快。
tā shuō de hěn kuài

她开车开得很快。
tā kāichē kāi de hěn kuài

他唱得不好。
tā chàng de bù hǎo

他发表得好不好?
tā fābiǎo de hǎobuhǎo

我头疼得受不了。
wǒ tóuténg de shòubuliǎo

(1) 기본 형식

기본 형식은 「술어(동사, 형용사)+得+정도보어」입니다.

他说得很快。 그는 말이 빠르다.
tā shuō de hěn kuài

我疼得很厉害。 나는 심하게 아파요.
wǒ téng de hěn lìhài

정도보어는 일반적으로 형용사를 쓰지만 부사나 구와 절이 올 수도
있습니다.

今天冷得很。 오늘은 매우 춥습니다.
jīntiān lěng de hěn

我失望得流眼泪了。 나는 눈물을 흘릴 정도로 낙담했다.
wǒ shīwàng de liú yǎnlèi le

妈妈气得脸都红了。 엄마는 얼굴이 다 빨개질 정도로 화가 나셨다.
māma qì de liǎn dōu hóng le

(2) 정도보어와 목적어의 위치

목적어가 있을 때는 술어를 반복한 후 정도보어를 사용합니다.

她开车开得很快。 그녀는 운전을 아주 빨리 한다.
tā kāichē kāi de hěn kuài

我爸爸学汉语学得很认真。
wǒ bàba xué hànyǔ xué de hěn rènzhēn
우리 아빠는 열심히 중국어 공부를 한다.

또 목적어를 술어 앞으로 위치시키기도 합니다.

我汉字写得不太好。　나는 한자를 잘 못 쓴다.
wǒ hànzì xiě de bútài hǎo

那个孩子手洗得很干净。　그 아이는 손을 깨끗하게 씻었다.
nà ge háizi shǒu xǐ de hěn gānjìng

(3) 부정문

不를 정도보어 앞에 붙입니다. 술어 앞에 붙이면 틀린 문장이 됩니다.

他唱得不好。(O)　그는 노래를 잘 못한다.
tā chàng de bù hǎo

他不唱得很好。(X)
tā bú chàng de hěn hǎo

我今天来得不晚。　나는 오늘 늦지 않게 왔다.
wǒ jīntiān lái de bù wǎn

我们本来吃得不多。　우리들은 원래 많이 먹지 않아요.
wǒmen běnlái chī de bù duō。

昨天吵得不能睡觉。　어제 잠을 잘 수 없을 정도로 시끄럽더라.
zuótiān chǎo de bù néng shuìjiào

那儿的洗手间脏得不敢进去。
nàr de xǐshǒujiān zāng de bùgǎn jìnqù
거기 화장실은 들어가지 못할 정도로 더럽다.

(4) 의문문

문장 뒤에 吗를 붙이거나 「술어+得+~不~」의 형식을 사용합니다.

你吃得多吗? 너 많이 먹니?
nǐ chī de duō ma

他发表得好不好? 그사람 발표는 잘했니?
tā fābiǎo de hǎobuhǎo

의문사 怎么样이 자주 사용됩니다.

最近过得怎么样? 요즘 어떻게 지내니?
zuìjìn guò de zěnmeyàng

今天考试考得怎么样? 오늘 시험은 어땠니?
jīntiān kǎoshì kǎo de zěnmeyàng

(5) 정도가 매우 심함을 표현할 때

정도가 매우 심함을 표현할 때 要命, 不得了, 受不了, 很 등의 단어가
자주 사용됩니다.

今天他忙得要命。 오늘 나는 심하게 바쁘다.
jīntiān tā máng de yàomìng

我头疼得受不了。 나는 견딜 수 없이 머리가 아파.
wǒ tóuténg de shòubuliǎo

~死了, ~极了

어떤 상황이나 정도를 극단적으로 표현할 때 '~死了', '~极了'의 형식을 쓰면 생동감있는 표현을 할 수 있습니다. 이 때 得는 쓰지 않습니다.

我气死了。　　나는 화가 나 죽겠어.
wǒ qì sǐ le

她高兴极了。　　그녀는 너무 기뻐한다.
ta gaoxing jí le

1. 제시된 단어를 어순에 맞게 배치하여 아래의 문장을 작문하세요.

그녀는 매일 아주 늦게 잔다. [她/ 得/ 睡/ 很/ 每天/ 晚]

➡ ....。

이 벌레는 아주 빨리 난다. [飞/ 这个/ 虫子/ 很/ 得/ 快]

➡ ....。

졸려 죽겠다. [死/ 困/ 了]

➡ ....。

너 너무 멋대로 말하지 말아라. [你/ 说/ 不要/ 太/ 得/ 随便]

➡ ....。

선생님은 아주 화가 나셨다 [了/ 老师/ 极/ 生气]

➡ ....。

나는 한자 쓰는 게 그다지 예쁘지 않다. [不/ 我/ 写/ 得/ 太/ 写/ 好看/ 汉字]

➡ ....。

너 생일은 잘 보냈니? [过/ 你/ 吗/ 好/ 生日/ 得]

➡ ....。

나는 피곤해서 말할 수도 없다. [不能/ 我/ 得/ 累/ 说话]

➡ ....。

그녀는 원래 말이 많지 않다. [不多/ 她/ 得/ 本来/ 说]

➡ ....。

이 휴대폰은 사용하기에 너무 불편하다. [不方便/ 这个/ 用/ 得/ 很/ 手机]

➡ ....。

그는 안경을 매우 깨끗하게 닦는다. [得/ 他/ 擦/ 很/ 眼镜/ 干净/ 擦]

➡ ....。

지난 번 방학은 너 어떻게 보냈니? [怎么样/ 上次/ 过/ 放假/ 得/ 你]

➡ ....。

배고파 죽겠다. [饿/ 了/ 死]

➡ ....。

이 아이는 너무나 귀엽다. [极了/ 这个/ 可爱/ 孩子]

➡ ....。

방향보어

동사, 형용사로 된 술어 뒤에 위치하여 동작의 방향을 보충 설명합니다.

我　带　来　了　雨伞。
주어　동사　방향보어　동태조사　목적어

기본 문형

他进去了。
tā jìn qu le

他出来了。
tā chū lai le

他从教室里跑出来了
tā cóng jiàoshì li pǎo chū lai le

她已经回家去了。
tā yǐjīng huíjiā qu le

我想起来了他的名字。
wǒ xiǎng qǐ lai le tā de míngzì

(1) 단순방향보어

동사 뒤에 来나 去를 붙여 '~가다', '~오다'의 방향을 구체적으로 설명합니다. 주로 来나 去를 사용합니다. 이 때 来, 去는 모두 경성으로 읽습니다.

出 나다　　　　　　出来 나오다　　　　　出去 나가다
上 오르다　　　　　上来 올라오다　　　　上去 올라가다

他进去了。　　그는 들어갔다.
tā jìn qu le

她已经回来了。　　그녀는 이미 돌아왔다.
tā yǐjīng huílai le

他走来了。　　그는 걸어왔다.
tā zǒu lai le

她跑去了。　　그녀는 뛰어갔다.
tā pǎo qu le

(2) 복합방향보어

「동사+来/去」의 방향보어가 다시 동사 뒤에 붙어 동작의 방향을 보충 설명합니다. 이를 복합방향보어라고 합니다.

	进	出	上	下	过	回	起
来	进来	出来	上来	下来	过来	回来	起来
去	进去	出去	上去	下去	过去	回去	

走 걷다
走出来 걸어나오다　　　　　　走出去 걸어나가다
走进来 걸어들어오다　　　　　走进去 걸어들어가다

他慢慢地站起来了。　그는 천천히 일어났다.
tā mànmàn de zhàn qǐ lai le

他从哪里跑出来了？　그는 어디서 뛰어나왔니?
tā cóng nǎli pǎo chū lai le

你们走上去吧。　너희들 걸어 올라가라.
nǐmen zǒu shàng qu ba

小孩子爬上来了。　아이는 기어올라 왔어요.
xiǎo háizi pá shàng lai le

(3) 목적어의 위치

방향보어가 사용된 문장에 목적어가 있을 때 목적어가 장소를 나타
내는지 아닌지에 따라 목적어의 위치가 달라집니다.

□ 들고 다닐 수 없는 목적어일 때
목적어가 장소 등 들고 다닐 수 없으면, 목적어는 来/去 앞에 옵니다.

她已经回家去了。　그녀는 이미 집에 돌아갔습니다.
tā yǐjīng huí jiā qu le

他突然跑进厨房来了。　그는 갑자기 주방으로 뛰어 들어왔다.
tā tūrán pǎo jìn chúfáng lai le

下午突然下起雨来了。　오후에 갑자기 비가 내리기 시작했다.
xiàwǔ tūrán xià qǐ yǔ lai le

□ 들고 다닐 수 있는 목적어일 때

목적어가 사물·생물 등 들고 다닐 수 있으면, 목적어는 来/去 앞,
뒤에 모두 올 수 있습니다.

我想买来一只小狗。(O)
wǒ xiǎng mǎi lai yìzhī xiǎogǒu

我想买一只小狗来。(O)　　나는 강아지 한 마리를 사오고 싶어요.
wǒ xiǎng mǎi yìzhī xiǎogǒu lai

他想出来了一个办法。(O)
tā xiǎng chū lai le yíge bànfǎ

他想出了一个办法来。(O)　　그는 한 가지 방법을 생각해냈다.
tā xiǎng chū le yíge bànfǎ lai

妈妈带回了三罐可乐来。(O)
māma dài huí le sānguàn kělè lai

妈妈带回来了三罐可乐。(O)　엄마는 콜라 3캔을 가지고 돌아오셨다.
māma dài huí lai le sānguàn kělè

□ 자주 쓰이는 방향보어의 특수 용법

来	추측의 의미로 '~하자니'
看来，这儿有很多人。　보아하니 여기 사람이 많다. kànlai, zhèr yǒu hěn duō rén	
下来	분리, 고정
请大家把帽子脱下来。　여러분께서는 모자를 벗어주세요. qǐng dàjiā bǎ màozi tuō xià lai	
你们两个人留下来吧。　너희 두 사람은 남아라. nǐmen liǎngge rén liú xià lai ba	
下去	동작이 계속되다
请大家冷静地看下去。　여러분 냉정하게 지켜봅시다. qǐng dàjiā lěngjìng de kàn xiàqu	
起来	흩어진 것을 모으다, 상황이 시작되다
快把桌子上的东西收拾起来。　책상 위의 물건을 빨리 치워라. kuài bǎ zhuōzǐ shang de dōngxi shōushi qǐ lai	
她突然哭起来了。　그녀는 갑자기 울기 시작했다. tā tūrán kū qǐ lai le	

想出来와 想起来

想出来는 어떤 생각, 아이디어를 생각해내는 것이고 想起来는 원래 알고 있던 것이 생각나는 것입니다.

我想出来了一个好办法。   나는 좋은 방법 하나를 생각해냈다.
wǒ xiǎng chū lai le yíge hǎo bànfǎ。

我想起来了他的名字。   나는 그의 이름이 생각났다.
wǒ xiǎng qǐ lai le tā de míngzì

1. 제시된 단어를 어순에 맞게 배치하여 아래의 문장을 작문하세요.

경찰이 총을 꺼냈다. [拿/ 枪/ 警察/ 了/ 出来]

➡ ....。

이 것이 그가 빌려간 카메라이다. [这/ 他/ 是/ 的/ 去/ 照相机/ 借]

➡ ....。

어떤 사람이 맞은 편에서 걸어왔다. [对面/ 从/ 有人/ 来/ 了/ 走]

➡ ....。

그녀는 이미 이사갔다. [她/ 走/ 已经/ 了/ 搬]

➡ ....。

그녀들은 모두 일어나 박수를 쳤다. [都/ 她们/ 了/ 站/ 鼓掌/ 起来]

➡ ....。

2. 다음에 제시된 목적어를 정확한 위치에 배열하여 문장을 완성하세요.

그 부인은 상점으로 걸어 들어와 나를 보았다. [商店]
那位太太　走进　来, 看了 我。

우선 메뉴를 갖다 주세요. [菜单]
先　拿　来　吧。

저는 명함을 안가져 왔습니다. [名片]
我　没带　来 。

그는 고향으로 돌아갔습니다. [家乡]
他　回　去　了。

3. 제시된 방향보어를 선택하여 아래의 문장을 완성하세요.

너는 가지 말고 남아라.
你别走, 留(　　　　　)。

그는 미국의 대학에 합격했다.
他考(　　　　　)了美国大学。

주머니 속의 물건을 모두 꺼내세요.
请把口袋里的东西都拿(　　　　　)。

아이는 갑자기 웃기 시작했다.
孩子突然笑(　　　　　)了。

| 起来 | 上 | 出来 | 下来 |

결과보어

동사 뒤에 위치하여 동작의 변화와 결과를 보충 설명합니다. 이미 결과가 생겼기 때문에 일반적으로 了를 붙입니다.

你　喝　醉　了。
주어　동사　결과보어　어기조사

기본 문형

我吃饱了。
wǒ chī bǎo le

今天的早饭她已经做完了。
jīntiān de zǎofàn tā yǐjīng zuò wán le

他没有喝醉。
tā méiyǒu hē zuì

你听懂了吗?
nǐ tīng dǒng le ma

我在路上看见她了。
wǒ zài lùshang kàn jian tā le

(1) 기본 형식

　　기본형식은「동사+결과보어」입니다. 결과를 설명하기 때문에 了를
동반합니다.

　　　　我吃完了。　　나는 다 먹었다.
　　　　wǒ chī wán le

　　　　他写清楚了。 그는 명확하게 썼다.
　　　　tā xiě qīngchǔ le

　　　　你听错了。　　너는 잘못 들었다.
　　　　nǐ tīng cuò le

　　　　小孩子睡着了。　 아이는 잠이 들었다.
　　　　xiǎoháizi shuìzhaó le

(2) 목적어의 위치

　　목적어는 일반적으로 결과보어의 뒤에 위치합니다.

　　　　我吃完了那两个香蕉。
　　　　wǒ chī wán le nà liǎngge xiāngjiāo

　　　　我在香港看到他了。　 나는 홍콩에서 그를 보았다.
　　　　wǒ zài xiānggǎng kàn dào tā le

　　　　我看完了那一本小说。　 나는 그 소설책을 다 봤다.
　　　　wǒ kàn wán le nà yìběn xiǎoshuō

　　　　我说错了他的名字。　 나는 그의 이름을 잘 못 말했다.
　　　　wǒ shuō cuò le tā de míngzi

목적어가 길거나 강조하고 싶을 때 동사 앞으로 도치시키기도 합니다.

今天的作业我都做完了。　오늘 작업을 나는 마쳤다.
jīntiān de zuòyè wǒ dōu zuò wán le

今天的早饭她已经做完了。　오늘 아침을 그녀는 이미 다 만들었다.
jīntiān de zǎofàn tā yǐjīng zuò wán le

(3) 부정문

부정문을 만들 때는 동사 앞에 没(没有)를 붙입니다. 어떤 결과를 얻지 못했음을 의미합니다. 了는 동작의 완료를 의미하기 때문에 사용할 수 없습니다.

他没有喝醉。　그는 취하지 않았다.
tā méiyǒu hē zuì

我没有学会开车。　나는 운전을 배우지 못했다.
wǒ méiyǒu xué huì kāichē

我没记错你的电话号码。나는 너의 전화번호를 잘못 기억하지 않았어.
wǒ méi jìcuò nǐ de diànhuàhàomǎ

他们没整理好夏天的衣服。그들은 여름 옷을 다 정리하지 못했다.
tāmen méi zhěnglǐ hǎo xiàtiān de yīfu

(4) 의문문

문장 뒤에 吗를 붙이거나 「동사+결과보어+了没有」, 또는 「~没~+결과보어」의 형식을 사용합니다.

你听懂了吗?　너는 알아 들었니?
nǐ tīng dǒng le ma

你听懂了没有？
nǐ tīng dǒng le méiyǒu

你听没听懂？　너는 알아 들었니?
nǐ tīng méi tīng dǒng

你学会开车了吗？
nǐ xuéhuì kāichē le ma

你学会开车了没有？
nǐ xuéhuì kāichē le méiyou

你学没学会开车？　너는 운전하는 법을 배웠니?
nǐ xué mei xuíhuì kāichē

☐ 자주 쓰이는 결과보어

完	단순한 동작의 완료
吃完了 / 说完了　다 먹다 / 다 말하다 chīwánle shuōwánle	
好	동작이 완료되어 목적이 달성, 원하는 결과를 얻음
修好了 / 谈好了　다 고치다 / 다 말하다 xiūhǎole tánhǎole	
到	목적이 달성됨
买到了 / 找到了　사다 / 찾다 mǎidàole zhǎodàole	
见	(지각동사 뒤에 사용) 어떤 결과를 얻음
看见了 / 听见了　보다 / 듣다 kànjiànle tīngjiànle	
住	동작의 고정
记住！ / 站住！　기억해! / 서라! jìzhù zhànzhù	
着 [zhao]	원하는 결과를 얻음
睡着了 / 找着了　잠들다 / 찾다 shuìzháole zhǎozháole	

看，看见，看到

看은 '의식적으로' 무엇을 본다는 의미입니다. 看见은 '우연히' 보았다는 의미입니다. 결과보어 见은 감각을 나타내는 지각동사 뒤에 붙어서 '의도하지 않았지만 우연히' 어떤 결과를 얻었음을 표현합니다. 见과 자주 결합하는 지각동사는 看, 听, 闻, 碰, 梦등입니다. 看到는 보았다는 '결과'를 강조하며 의식적인지 아닌지의 의미는 없습니다.

我看了她的眼睛。   나는 그녀의 눈을 보았다.(의식적으로)
wǒ kàn le tā de yǎnjing

我在路上看见她了。   나는 길에서 그녀를 보았다.(의도하지 않았지만)
wǒ zài lùshang kànjian tā le

我看到了韩国队的比赛。   나는 한국팀의 경기를 보았다.(결과를 강조)
wǒ kàndao le hánguóduì de bǐsài

연습문제

1. 제시된 단어를 어순에 맞게 배치하여 아래의 문장을 작문하세요.

미안합니다. 제가 잘못 봤어요. [看/ 对不起/ 错/ 我/ 了]

➡ ....。

내 차는 다 수리했습니까? [修/ 吗/ 了/ 好/ 我的车]

➡ ....。

제 말은 아직 다 끝나지 않았습니다. [没/ 还/ 说/ 我的话/ 完]

➡ ....。

내일 여섯 시에 저를 깨워주세요. [醒/ 明天/ 叫/ 六点/ 我/ 好吗]

➡ ....。

나는 길에서 그들이 함께 있는 것을 보았다. [我/ 见/ 在一起/ 看/ 在路上/ 他们/ 了]

➡ ....。

아이는 우유를 다 마셨다. [喝/ 孩子/ 牛奶/ 完/ 了]

➡ ....。

2. 제시된 결과보어를 선택하여 아래의 문장을 완성하세요.

너 말 다했니?
你说(　　　)了吗?

아이는 이미 잠들었다.
孩子已经睡(　　　)了。

너의 이름을 난 똑똑히 보았다.
你的名字我看(　　　)了。

집에 가는 기차표 너 샀니?
回家的火车票你买(　　　)了吗?

나는 신발을 다 빨았다.
我洗(　　　)了鞋。

| 着 | 到 | 清楚 | 好 |

가능보어

술어(동사, 형용사) 뒤에 위치하여 동작의 가능 여부를 보충 설명합니다. '~할 수 있다', '~할 수 없다'의 의미를 표현합니다. 가능보어에서 자주 사용되는 了는 [liao]로 읽습니다.

我	吃	不	了。
주어	동사	不	가능보어

기본 문형

我听不见。
wǒ tīngbujiàn

我看不懂简体字。
wǒ kànbudǒng jiǎntǐzì

我突然说不出话来。
wǒ tūrán shuōbuchū huà lái

明天的票买不了。
míngtiān de piào mǎibuliǎo

你一个人吃得了吗?
nǐ yí ge rén chīdeliǎo ma

(1) 기본 형식

「술어+得/不+방향보어/결과보어」의 형식입니다. 방향보어나 결과보어가 得, 不 뒤에 와서 가능/불가능을 나타내는 보어가 됩니다. 이때 得, 不는 경성으로 읽습니다.

听得见	听得见	/	听不见
tīngdejiàn	tīngdejiàn	/	tīngbujiàn
듣다	들을 수 있다	/	들을 수 없다

爬上来	爬得上来	/	爬不上来
páshànglai	pádeshànglai	/	pábushànglai
기어올라오다	기어올라올 수 있다	/	기어올라올 수 없다

(2) 목적어의 위치

목적어는 일반적으로 가능보어의 뒤에 위치합니다.

我看不懂简体字。 나는 간체자를 알아볼 수 없다.
wǒ kànbudǒng jiǎntǐzì

你肯定找得到他。 너는 틀림없이 그를 찾아낼 수 있어.
nǐ kěndìng zhǎodedào tā

我今天可能睡不着觉。 나는 오늘 아마 잠들지 못할 거야
wǒ jīntiān kěnéng shuìbuzháojiào

동사 뒤의 방향보어가 복합방향보어일 때 목적어는 来/去 앞에 옵니다.

我突然说不出话来。 나는 갑자기 말할 수 없었다.
wǒ tūrán shuōbuchū huà lai

我想不起你的名字来。 나는 너의 이름이 생각나지 않는다.
wǒ xiǎngbuqǐ nǐde míngzì lai

他们还是记不起去年的事来。
tāmen háishi jìbuqǐ qùnián de shì lai
그들은 여전히 작년의 일을 기억할 수 없다.

목적어가 길거나 강조하고 싶을 때 동사 앞에 위치시키기도 합니다.

奶奶说的话，我听不清楚。
nǎi nǎi shuō de huà, wǒ tīngbuqīngchǔ
할머니가 한 말을 나는 정확히 알아듣지 못했다.

那么重的东西，你一个人搬得来吗?
nàme zhòng de dōngxi, nǐ yí ge rén bāndelái ma
그렇게 무거운 물건을 너 혼자 옮길 수 있겠니?

去年的事他们还是记不起来。
qùnián de shì tāmen háishi jìbuqǐlai
그들은 여전히 작년의 일을 기억할 수 없다.

(3) 了를 사용한 가능보어

得, 不 뒤에 了를 붙여 동작의 가능 여부를 표현합니다. 이 때 了는
[liǎo]로 읽습니다.

明天的票现在订得了。
míngtiān de piào xiànzài dìngdeliǎo
내일 표는 지금 예약할 수 있어요.

这么难的问题，我回答不了。
zhème nán de wèntí, wǒ huídábuliǎo
이렇게 어려운 문제를 저는 대답할 수 없어요.

(4) 의문문

의문문을 만들 때는 문장 뒤에 吗를 붙이거나 「긍정형+부정형」의
형식을 사용합니다.

你听得懂吗?
nǐ tīngdedǒng ma
너 알아듣겠니?

妹妹洗得干净昨天穿的衣服吗?
mèimei xǐdegānjìng xǐbugānjìng zuótiān chuān de yīfu
여동생은 어제 입을 옷을 깨끗하게 빨 수 있니?

你吃得完吃不完?
nǐ chīdewán chībuwán
너 다 먹을 수 있겠니?

你写得清楚写不清楚老师说的话?
nǐ xiědeqīngchǔ xiěbuqīngchǔ lǎoshī shuō de huà
너는 선생님이 하신 말씀을 명확하게 적을 수 있니?

□ 자주 쓰이는 가능보어의 특수 용법

动	사람, 사물의 위치를 이동시킬 힘이 있다
走得动[zǒudedòng] / 走不动[zǒubudòng] (힘들어도)걸을 수 있다 (힘들어)걸을 수 없다	
拿得动[nádedòng] / 拿不动[nábudòng] (무거워도)들 수 있다 (무거워)들 수 없다	
下	수용할 수 있는 충분한 공간이 있다
放得下[fàngdexià] / 放不下[fàngbuxià] (자리가 있어) 놓을 수 있다 (자리가 없어)놓을 수 없다	
坐得下[zuòdexià] / 坐不下[zuòbuxià] (자리가 있어)앉을 수 있다 (자리가 없어)앉을 수 없다	
起	경제적으로 가능하다
买得起[mǎideqǐ] / 买不起[mǎibuqǐ] 살 수 있다 (비싸서)살 수 없다	
吃得起[chīdeqǐ] / 吃不起[chībuqǐ] 먹을 수 있다 (비싸서)먹을 수 없다	

고정적인 의미의 가능보어

看得起[kàndeqǐ] / 看不起[kànbuqǐ]
중시하다   깔보다

来得及[láidejí] / 来不及[láibují]
(시간에)이를 수 있다   (시간에)이를 수 없다

想得到[xiǎngdedào] / 想不到[xiǎngbudào]
생각할 수 있다   생각할 수 없다

舍得[shědé] / 舍不得[shěbudé]
아깝지 않다   아쉽다

受得了[shòudeliǎo] / 受不了[shòubuliǎo]
견딜 수 있다   견딜 수 없다

怪不得[guàibudé]
어쩐지

1. 제시된 단어를 어순에 맞게 배치하여 아래의 문장을 작문하세요.

작년의 일을 나는 잊을 수 없다. [我/ 去年/ 忘/ 的/ 不/ 事/ 了]

➡ ....。

너 혼자서 먹을 수 있겠니? [了/ 你/ 一个人/ 得/ 吗/ 吃]

➡ ....。

내일 나는 참가할 수 없다. [参加/ 明天/ 不/ 我/ 了]

➡ ....。

나는 아이가 쓴 글자를 알아 볼 수 없다. [我/ 写/ 看/ 孩子/ 的/ 懂/ 字/ 不]

➡ ....。

그들은 틀림없이 돌아오지 못할 것입니다. [不/ 他们/ 回/ 来/ 肯定]

➡ ....。

그의 이름이 나는 갑자기 생각나지 않는다. [突然/ 他的名字/ 我/ 不/ 想/ 起来]

➡ ....。

그 웹사이트는 지금 들어갈 수 없다. [不/ 那个网站/ 进/ 现在/ 去]

➡ ....。

2. 제시된 가능보어의 긍정형 또는 부정형을 선택하여 문장을 완성하세요.

나는 이렇게 큰 짐을 들 수 없다.
我(　　　)这么大的行李。

의자가 모자라서 우리는 앉을 수 없다.
椅子不够, 我们(　　　)。

이 곳은 집값이 너무 비싸서 서민들은 살 수 없다.
这个地方房价太贵, 老百姓(　　　)。

바깥이 너무 시끄러워서 잘 수 없다.
外边儿太吵, (　　　)。

너는 우리를 깔보지 마라.
你不要(　　　)我们。

7시 차를 갈아타려면 아직 시간이 충분하다.
换七点的车还(　　　)。

컴퓨터에 비밀번호가 있어서 너는 사용할 수 없다.
电脑有密码, 你(　　　)。

来得及/来不及	用得了/用不了	买得起/买不起
睡得着/睡不着	看得起/ 看不起	坐得下/坐不下
拿得动/拿不动		

문형 알아보기

01 비교문

사람이나 사물의 성질, 정도 등을 비교하는 문장형식입니다.

逛街	比	爬山	更	累。
A	比	B	부사	술어

今天比昨天更冷。
jīntiān bǐ zuótiān gèng lěng

我跟你一样。
wǒ gēn nǐ yíyàng

他的汉语有你这么好吗?
tā de hànyǔ yǒu nǐ zhème hǎo ma

今天没有昨天冷。
jīntiān méiyǒu zuótiān lěng

明天去不如今天去。
míngtiān qù bùrú jīntiān qù

(1) 比를 사용한 비교문

□ 기본용법

「A+比+B+~」는 비교문의 가장 일반적인 형식입니다. 'A는 B보다 ~ 하다'는 의미입니다.

비교의 결과를 강조하여 '더 ~하다'라고 말할 때는 更, 还, 要를 사용합니다. 가장 일반적인 것은 更입니다. 很은 사용할 수 없습니다. 위치는 술어 앞입니다.

他比我高。　　그는 나보다 크다.
tā bǐ wǒ gāo

今天比昨天冷。　　오늘은 어제보다 춥다.
jīntiān bǐ zuótiān lěng

男生比女生更多。　　남학생이 여학생보다 더 많다.
nánshēng bǐ nǚshēng gèng duō

我家比你家更远。　　우리 집은 너희 집보다 더 멀다.
wǒ jiā bǐ nǐ jiā gèng yuǎn

비교의 정도가 어떤지 말할 때는 술어 뒤에 씁니다. 이 때는 更을 쓸 수 없습니다.

他比我大三岁。　　그는 나보다 세 살 많다.
tā bǐ wǒ dà sānsuì

今天比昨天冷一点儿。　　오늘은 어제보다 조금 더 춥다.
jīntiān bǐ zuótiān lěng yìdiǎnr

(2)「A+有+B+这么/那么…」형식의 비교문

'A는 B만큼 ~하다'는 의미를 표현합니다. 주로 의문문에 많이 사용됩니다.

他的汉语有你这么好吗? 　그의 중국어 실력은 너만큼 좋니?
tā de hànyǔ yǒu nǐ zhème hǎo ma

上海有天津那么远吗? 　상해는 천진만큼 머니?
shànghǎi yǒu tiānjīn nàme yuǎn ma

(3)「A+跟+B一样」형식의 비교문

'A는 B와 같다'는 의미를 표현합니다. 一样 앞에 完全, 差不多 등의 수식어를 사용할 수 있습니다.

她的成绩跟我一样。　그녀의 성적은 나와 같다.
tā de chéngjì gēn wǒ yíyàng

我的想法跟你完全一样。　내 생각은 너와 완전히 같다.
wǒ de xiǎngfǎ gēn nǐ wánquán yíyàng

(4) 비교문의 부정

비교문을 부정할 때는 다음과 같은 방식을 사용합니다.

① 「A+不+比+B…」
부정사 不를 比 앞에 붙입니다.

他不比我高。　그는 나보다 크지 않다.
tā bù bǐ wǒ gāo

今天不比昨天冷。　오늘은 어제보다 춥지 않다.
jīntiān bù bǐ zuótiān lěng

한국어 비교문에서는 '어제보다 춥지 않아요' 처럼 부정사가 술어와 결합하기 때문에 중국어를 할 때도 「A比B不…」 형태의 실수를 자주 범합니다. 중국어에서 부정사는 比 앞에 위치해야 합니다.

他的汉语不比我好。(O)　그의 중국어 실력은 나보다 좋지 않다.
tā de hànyǔ bù bǐ wǒ hǎo

他的汉语比我不好。(X)
tā de hàn yǔ bǐ wǒ bù hǎo

② 「A+没有+B+(这么/那么)…」
「A有B这么/那么…」 형식을 부정하는 형태입니다. 这么/那么는 생략할 수 있습니다. 'A는 B처럼…하지 않다'의 의미입니다.

这儿的牛肉没有猪肉好吃。
zhèr de niúròu méiyǒu zhūròu hǎochī
여기의 소고기는 돼지고기만큼 맛있지 않다.

我的汉语没有你那么流利。
wǒ de hànyǔ méiyǒu nǐ nàme liúlì
나의 중국어 실력은 너만큼 유창하지 않다.

③ 「A+不如+B…」
'A는 B만 못하다'는 의미로 'B가 A보다 낫다'를 표현합니다. '백문불여일견(百聞不如一見)'이 이와 같은 형식입니다.

明天去不如今天去。　오늘 가는 것보다는 내일 가는 것이 낫다.
míngtiān qù bùrú jīntiān qù

长途汽车不如动车快。　시외버스보다는 기차가 빠르다.
chángtúqìchē bùrú dòngchē kuài

'가장 ~하다'는 최상급의 표현은 最를 사용합니다.

这是我最喜欢的地方。
zhè shì wǒ zuì xǐhuan de dìfang

我妈妈做的菜最好吃。
wǒ māma zuò de cài zuì hǎochī

1. 제시된 단어를 어순에 맞게 배치하여 아래의 문장을 작문하세요.

내 아내는 오늘 나보다 바쁘다. [我/ 今天/ 比/ 忙/ 我爱人]

➡ ....。

금년은 작년보다 더 덥다. [去年/ 今年/ 热/ 更/ 比]

➡ ....。

머리 깎는 것보다 파마하는 게 낫다. [好/ 剪头发/ 烫发/ 不如]

➡ ....。

나는 너랑 똑같은 물건이 있다. [一样/ 我/ 你/ 的/ 东西/ 跟/ 有]

➡ ....。

운동이 휴식보다 낫다. [不如/ 休息/ 运动]

➡ ....。

내일 아침 조금 일찍 출발하는 게 가장 낫겠다. [早点儿/ 明天/ 出发/ 最好]

➡ ....。

세탁기로 씻는 것은 손빨래만큼 깨끗하지 않다. [用手洗/ 用洗衣机洗/ 干净/ 不如]

➡ _____。

2. 아래에 제시된 단어를 활용하여 문장을 완성하세요.

출국수속이 예전보다 편해졌다.
出国手续(   )以前方便了。

북경의 물가가 상해만큼 높니?
北京的物价(   )上海那么高吗?

내 수입은 그 사람 만큼 높지 않아요.
我的收入(   )他那么高。

이것은 가장 싼 가격이예요.
这是(   )便宜的价格。

기차표가 버스표보다 오십원 비싸다.
火车票(   )汽车票贵五十块钱。

아빠는 엄마만큼 연속극을 좋아하지 않는다.
爸爸(   )妈妈那么喜欢看电视剧。

| 比/不比 | 有/没有 | 最 | 一样/不一样 |

把자문

전치사 把를 사용하여 목적어를 술어 앞으로 전치시키는 문형입니다. 주로
목적어인 사람, 사물을 어떻게 처리했는지 강조합니다. 그래서 처치식이라
고도 합니다.

他　把　我的鞋　扔　掉　了。
주어　把　목적어　동사　보어　동태조사

기본 문형

我把那本书买了。
wǒ bǎ nà běn shū mǎi le

你先把这杯子拿着。
nǐ xiān bǎ zhè bēizi ná zhe

别把你的车停在这儿。
bié bǎ nǐ de chē tíng zài zhèr

他每天把孩子送到幼儿园。
tā měitiān bǎ háizi sòng dào yòuéryuán

他把自己的女朋友介绍给我们了。
tā bǎ zìjǐ de nǚpéngyou jièshào gěi wǒmen le

(1) 「주어+把+목적어+동사」

원래 중국어의 어순은 목적어가 동사 뒤에 위치합니다. 把를 목적어 앞에 붙이고 동사 앞으로 전치시킵니다.

我喝了你的咖啡。➡ 我把你的咖啡喝了。
wǒ hē le nǐ de kāfēi。　　 wǒ bǎ nǐ de kāfēi hē le。
나는 너의 커피를 마셨다.

我把我的钥匙丢了。　나는 내 열쇠를 잃어버렸다.
wǒ bǎ wǒ de yàoshi diū le

他把这个消息告诉我了。　그는 이 소식을 나에게 알려주었다.
tā bǎ zhè ge xiāoxī gàosu wǒ le

☐ 把자문의 목적어는 서로가 알고 있는 '특정한' 것이어야 합니다. 불특정한 막연한 사물은 쓸 수 없습니다.

我把书买了。(X)
wǒ bǎ shū mǎi le

我把一本书买了。(X)
wǒ bǎ yī běn shū mǎi le

我把那本书买了。(O)　나는 그 책을 샀다.
wǒ bǎ nà běn shū mǎi le

☐ 동사만으로 문장이 끝나면 안됩니다. 반드시 다른 성분이 와야 합니다. 주로 了, 着를 사용하거나 동사 뒤에 보어를 붙입니다.

你先把这杯子拿。(X)
nǐ xiān bǎ zhè bēizi ná

你先把这杯子拿着。(O)　너는 우선 이 컵을 들고 있어라.
nǐ xiān bǎ zhè bēizi ná zhe

你很快把帽子脱。(X)
nǐ hěn kuài bǎ màozi tuō

你很快把帽子脱下来。(O)　　너는 얼른 모자를 벗어라.
nǐ hěn kuài bǎ màozi tuō xiàlai

동사를 중첩시키기도 합니다.

先把你的情况说一说。　　우선 너의 상황을 말해봐.
xiān bǎ nǐ de qíngkuàng shuō yi shuō

把这笔钱数一数。　　이 돈을 세봐.
bǎ zhè bǐ qián shǔ yi shǔ

把자문은 대상물을 '처리했다'는 의미를 전달합니다. 그래서 동사는 반드시 타동사이어야 합니다. 생각이나 상태를 나타내는 동사는 사용할 수 없습니다. 예를 들면 아래와 같은 단어들입니다.

판단, 상태: 是, 有, 在, 像
감각, 생각: 知道, 认为, 觉得, 相信, 希望, 要求, 看见

(2) 부정사, 조동사, 부사의 위치

부정문을 만들 때는 부정사 没有, 不, 別를 把 앞에 붙입니다.

我没有把你的笔记本弄坏了。
wǒ méiyǒu bǎ nǐ de bǐjìběn nònghuài le
나는 너의 노트북을 망가뜨리지 않았다.

別把你的车停在这儿。
bié bǎ nǐ de chē tíngzài zhèr
너의 차를 여기에 세우지 마라.

조동사, 부사의 위치도 把 앞입니다.

我不想把我们的事情告诉别人。
wǒ bù xiǎng bǎ wǒmen de shìqíng gàosù biérén
나는 우리의 일을 다른 사람에게 말하고 싶지 않다.

我马上把那五百块钱还给你。
wǒ mǎshàng bǎ nà wǔbǎikuàiqián huángěi nǐ
나는 곧 그 오백원을 너에게 돌려주겠다.

일반적으로 부사는 把 앞에 위치하지만 '모두'의 뜻을 갖고 있는 都, 全 등의 부사는 동사 앞에 위치합니다.

你怎么把它都喝光了?   너는 어떻게 그 것을 다 마셔버렸니?
nǐ zěnme bǎ tā dōu hēguāng le

我把所有的作业都做好了。   나는 모든 숙제를 끝냈다.
wǒ bǎ suǒyǒu de zuòyè dōu zuòhǎo le

(3) 반드시 써야 하는 把자문

□ 「把+목적어+동사+在/到…」

대상물을 처리하는 장소를 표현합니다. '~를 ~로' 또는 '~를 ~에'의
의미입니다.

把烫好的衣服放在床上了。　다림질한 옷을 침대에 놓았다.
bǎ tànghǎo de yī fufàng zài chuángshang le

他每天把孩子送到幼儿园。　그는 매일 아이를 유치원에 보낸다.
tā měitiān bǎ háizi sòngdào yòuéryuán

□ 「把+동사+成/做…」

어떤 동작을 통해 대상물이 다른 무엇이 되거나 '~을 ~로 삼다'는
의미를 표현합니다.

他把美元换成人民币了。　그는 달러를 인민폐로 바꾸었다.
tā bǎ měiyuán huànchéng rénmínbì le

我们把他当做班长了。　우리는 그를 반장으로 삼았다.
wǒ men bǎ tā dāngzuò bānzhǎng le

□ 「把+목적어+동사+给…」

대상물이 누구에게로 전해지는지 표현합니다. 给 뒤에는 간접목적어
가 옵니다.

我把妈妈的信交给老师了。
wǒ bǎ māma de xìn jiāogěi lǎoshī le
나는 엄마의 편지를 선생님에게 드렸다.

他把自己的女朋友介绍给我们了。
tā bǎ zìjǐ de nǚpéngyou jièshào gěi wǒmen le
그는 자신의 여자친구를 우리에게 소개했다.

1. 제시된 단어를 어순에 맞게 배치하여 아래의 문장을 작문하세요.

   나는 비밀번호를 바꿨다. [密码/ 我/ 改/ 了/ 把]

   ➡ ....。

   그는 나를 자신의 비서로 삼았다. [他/ 自己/ 当做/ 的/ 我/ 秘书/ 把]

   ➡ ....。

   아이는 약을 모두 토했다. [孩子/ 吐/ 都/ 药/ 了/ 把]

   ➡ ....。

   그는 명함을 나에게 돌려줬다. [还/ 给/ 他/ 名片/ 我/ 了/ 把]

   ➡ ....。

   한 살짜리 아이가 동전을 삼켰다. [硬币/ 了/ 一岁的小孩儿/ 吞/ 把]

   ➡ ....。

   그녀는 머리카락을 말렸다. [她/ 吹干/ 头发/ 了/ 把]

   ➡ ....。

너는 리모컨을 주머니에 넣지 마라. [遥控器/ 你/ 口袋里/ 不要/ 放/ 到/ 把]

➡ ....。

2. **제시된 단어를 활용하여 아래의 문장을 把자문으로 중작하세요.**

아빠는 나와 엄마를 끌어안았다.

➡ ....。

선생님은 내 이름을 칠판에 적었다.

➡ ....。

누나는 강아지를 침대 위에 놓았다.

➡ ....。

나는 어제의 일을 다 말했다.

➡ ....。

그는 그 사진을 컴퓨터에 저장했다.

➡ ....。

너는 아직 열쇠를 나에게 주지 않았다.

➡ ....。

抱起来: 끌어안다	写: 쓰다	黑板: 칠판
小狗: 강아지	放: 놓다	床: 침대
事情: 일	存: 저장하다	电脑: 컴퓨터
钥匙: 열쇠		

피동문

피동문은 누구에게 어떤 일을 당했다는 피동의 의미를 전달하는 문형입니다. '표가 다 팔렸다'처럼 의미상 피동의 문장도 있지만 被, 叫, 让, 给 같은 전치사를 필요로 하는 피동문도 있습니다. 가장 많이 사용되는 단어는 被입니다.

弟弟　被　　老师　打　了。
주어　　被　　주체　동사　동태조사

기본 문형

孩子被蚊子咬了。
háizi bèi wénzi yǎo le

我又被你给骗了。
wǒ yòu bèi nǐ gěi piàn le

他的照片已经被烧了。
tā de zhàopiàn yǐjīng bèi shāo le

我没有被妈妈打过。
wǒ méiyǒu bèi māma dǎguò

我的雨伞叫他借走了。
wǒ de yǔsǎn jiào tā jièzǒu le

(1) 「주어+被+주체+동사」

　被를 사용한 피동문의 가장 일반적인 격식입니다. 누구에게 행위를
당했는지 그 대상을 被 뒤에 씁니다.

　　　我打他了。⇨ 他被我打了。
　　　wǒ dǎ tā le。　tā bèi wǒ dǎ le
　　　나는 그를 때렸다.

　　　孩子被蚊子咬了。　아이가 모기에게 물렸다.
　　　háizi bèi wénzi yǎo le

　　　我的词典被他借走了。　내 사전을 그가 가져갔다.
　　　wǒ de cídiǎn bèi tā jièzǒu le

　피동의 의미를 강조할 때는 동사 앞에 给를 사용합니다. 구어체의
느낌이 강조됩니다.

　　　小狗被车给撞了。　개가 자동차에 치였다.
　　　xiǎogǒu bèi chē gěi zhuàng le

　　　我又被你给骗了。　내가 또 너에게 속았구나.
　　　wǒ yòu bèi nǐ gěi piàn le

☐ 동사만으로 문장이 끝나면 안됩니다. 반드시 다른 성분이 와야 합니다. 주로
　了, 过를 사용하거나 동사 뒤에 보어를 붙입니다.

　　　杯子被我弟弟打碎了。　컵이 내 동생에 의해 깨졌다.
　　　bēizi bèi wǒ dìdì dǎsuì le

　　　我的钱包被小偷儿偷了。　내 지갑을 도둑에게 도둑맞았다.
　　　wǒ de qiánbāo bèi xiǎotōur tōu le

□ 주체를 말할 필요가 없을 때는 被를 직접 동사와 연결합니다.

我们的照片已经被烧了。 우리 사진은 이미 불탔다.
wǒmen de zhàopiàn yǐjīng bèi shāo le

你被拒绝了多少次? 너는 몇 번이나 거절당했니?
nǐ bèi jùjué le duōshǎo cì

동작의 주체가 광범위한 사람, 즉 '남'을 의미할 때는 人을 씁니다.

这种衣服很容易被人看不起。 이런 옷은 남에게 무시당하기 쉽다.
zhè zhǒng yīfu hěn róngyì bèi rén kànbuqǐ

他写的信被人发现了。 그가 쓴 편지가 다른 사람에게 발견되었다.
tā xiě de xìn bèi rén fāxiàn le

□ 부정사, 조동사, 부사의 위치
부정문을 만들 때는 부정사 没有, 不, 别를 被 앞에 붙입니다.

我没有被妈妈打过。 나는 엄마에게 맞은 적이 없다.
wǒ méiyǒu bèi māma dǎguò

我的自行车没有被偷了。 내 자전거는 도둑맞지 않았다.
wǒ de zixíngchē méiyǒu bèi tōu le

조동사, 부사의 위치도 被 앞입니다.

我的车已经被他开走了。 내 차는 이미 그가 몰고 갔다.
wǒ de chē yǐjīng bèi tā kāizǒu le

你不会被解雇。 너는 해고되지 않을꺼야.
nǐ bú huì bèi jiěgù

(2) 叫, 让, 给

被 이외에도 叫, 让, 给를 사용하여 피동문을 만들 수 있습니다. 叫, 让은 被보다 구어체의 어감이 강합니다. 기본적인 용법은 被자문과 같지만 叫, 让은 주체를 생략할 수 없습니다.

我的雨伞叫他借走了。(O)   내 우산은 그가 빌려갔다.
wǒ de yǔsǎn jiào tā jièzǒu le

我的雨伞叫借走了。(X)
wǒ de yǔsǎn jiào jièzǒu le

我的雨伞被借走了。(O)   내 우산은 빌려갔다.
wǒ de yǔsǎn bèi jièzǒu le

他今天让大雨淋湿了。(O)   그는 오늘 비에 흠뻑 젖었다.
tā jīntiān ràng dàyǔ línshī le

他今天让淋湿了。(X)
tā jīntiān ràng línshī le

他今天被淋湿了。(O)   그는 오늘 흠뻑 비맞았다.
tā jīntiān bèi línshī le

1. 제시된 단어를 어순에 맞게 배치하여 아래의 문장을 작문하세요.

내 컴퓨터는 그가 빌려갔다. [他/ 被/ 借走了/ 我的电脑]

➡ ....。

나는 다른 사람에게 오해받고 싶지 않다. [别人/ 我/ 被/ 误解/ 不愿意]

➡ ....。

그는 선생님에게 불려갔다. [被/ 叫回去了/ 他/ 老师]

➡ ....。

그 편지는 그녀에 의해 발견되었다. [那封信/ 发现了/ 她/ 被]

➡ ....。

나는 엄마에게 맞았다. [我/ 妈妈/ 被/ 打了]

➡ ....。

노인은 이미 병원에 실려갔다. [送到/ 已经/ 了/ 老人/ 被/ 医院]

➡ ....。

나는 그녀에게 거절당했다. [拒绝了/ 我/ 被/ 她]

➡ _____。

나의 여자친구는 나에게 설득당했다. [我/ 被/ 说服了/ 我的女朋友]

➡ _____。

그는 다른 사람에게 밀렸다. [推了一下/ 被/ 人/ 他]

➡ _____。

생일케이크는 이미 아이들이 먹어버렸다. [被/ 生日蛋糕/ 孩子们/ 给/ 吃了/ 已经]

➡ _____。

병아리가 그 개에게 물려 죽었다. [咬死了/ 小鸡/ 那只狗/ 叫]

➡ _____。

책은 그가 가져갔다. [让/ 书/ 拿走了/ 他]

➡ _____。

우리의 술은 그가 다 먹어버렸다. [他/ 我们的酒/ 喝光了/ 给]

➡ _____。

너는 또 그에게 속았다. [又/ 他/ 你/ 骗了/ 让]

➡ _____。

존현문

어떤 장소에서 사람이나 사물이 존재, 출현, 소멸되는 것을 표현한 문장을 존현문이라고 합니다. 사람이나 사물이 의미상으로는 주어의 역할을 하면서도 주어 자리에 위치하지 않는 것이 특징입니다. 주어의 자리에는 주로 장소가 옵니다.

我们学校　来　警察　了。
　장소　　　동사　존재물　동태조사

기본 문형

路上有很多人。
lùshang yǒu hěn duō rén

我家来了客人。
wǒjiā lái le kèrén

那儿有一个餐厅。
nàr yǒu yíge cāntīng

昨天死了一只狗。
zuótiān sǐ le yìzhī gǒu

晚上走了两个人。
wǎnshang zǒu le liǎngge rén

(1) 존재를 표현

'누가 어디에 있다'를 표현합니다. 「장소+동사+존재하는 사람, 사물」의 형식을 사용합니다. 주어 위치에는 장소가 오고 의미상 주어가 목적어의 위치에 옵니다.

路上有很多人。 길에 많은 사람이 있다.
lùshàng yǒu hěn duō rén

床上有一只猫。 침대 위에 고양이 한 마리가 있다.
chuángshang yǒu yìzhī māo

有, 是를 제외하고 존재를 표현하는 존현문에서는 동사 뒤에 자주 着가 붙어서 상태의 지속을 표현합니다.

墙上挂着一张照片。 벽에 사진 한 장이 붙어있다.
qiángshang guà zhe yìzhāng zhàopiàn

停车场上停着很多自行车。 주차장에 많은 자전거가 세워져 있다.
tíngchēchǎngshang tíng zhe hěn duō zìxíngchē

(2) 출현과 소멸을 표현

어떤 장소, 어떤 시간에 누가 출현했거나 사라졌음을 표현합니다. 「장소／시각+동사+출현, 소멸하는 사람, 사물」의 형식을 사용합니다. 이 때 동사 뒤에 주로 了를 붙입니다.

我家来了客人。 우리 집에 손님이 왔다.
wǒjiā lái le kèrén

这个星期来了一个新同学。 이번 주에 새로운 학우가 왔다.
zhège xīngqī lái le yíge xīn tóngxué

树上掉下来了一个苹果。　나무에서 사과 하나가 떨어졌다.
shùshang diàoxiàlai le yíge píngguǒ

昨天死了一只狗。　어제 개 한 마리가 죽었다.
zuótiān sǐ le yìzhī gǒu

☐ 존현문에서 표현하는 출현과 소멸은 기다리고 있던 현상이 아니라 '예상하지 못한' 현상입니다. 「주어+동사」 형식의 일반문과 의미가 다소 다릅니다.

后边车来了。　뒤에 (기다리던) 차가 온다.
hòubian chē lái le

后边来车了。　뒤에 (갑자기) 차가 온다.
hòubian lái chē le

첫 번째 문장은 「주어+동사」 형식의 일반문이고 두 번째 문장은 「동사+목적어」 형식의 존현문입니다. 첫 번째 문장은 기다리던 차가 이제 왔으니 타라는 의미이며 두 번째 문장은 갑자기 뒤에 차가 오니까 비키라는 의미입니다.

존현문에 사용되는 동사는 주로 다음과 같습니다.

존재(상태를 표현): 有, 坐, 站, 停, 放, 挂, 写
출현: 来, 发生, 出现
소멸: 走, 死, 丢

1. 제시된 단어를 어순에 맞게 배치하여 아래의 문장을 작문하세요.

저녁에 두 사람이 떠났다. [两个人/ 走了/ 晚上]

➡ ....。

안에 자리가 많이 있다. [很多/ 有/ 座位/ 里边]

➡ ....。

우리 식당에 한 쌍의 신혼부부가 왔다. [一对/ 我们/ 新婚夫妻/ 来了/ 餐厅]

➡ ....。

주차장에 많은 차가 있다. [有/ 很多车/ 停车场]

➡ ....。

어제 20원을 잃어버렸다. [二十块钱/ 丢了/ 昨天]

➡ ....。

저기에 식당이 있다. [餐厅/ 那儿/ 一个/ 有]

➡ ....。

벽에 중국 지도 한 장이 붙어있다. [中国地图/ 挂着/ 墙上/ 一张]

➧ ....。

사무실에 한 사람이 앉아있다. [一个人/ 办公室里/ 坐着]

➧ ....。

우리 집에 일이 하나 생겼다. [发生了/ 一件事/ 我家里]

➧ ....。

화장실에 많은 사람이 서있다. [站着/ 洗手间里/ 很多人]

➧ ....。

손님이 왔다. [了/ 客人/ 来]

➧ ....。

연동문과 겸어문

연동문과 겸어문은 모두 한 문장에 두 개 이상의 동사가 있는 문장입니다.
즉 한 문장으로 여러 동작을 표현하는 형식입니다.

연동문: 她　每天　来　看　我。
　　　　주어　부사　동사　동사　목적어

겸어문: 他　喜欢　我　喝　酒。
　　　　주어　동사　주어　동사　목적어

기본 문형

他每天坐地铁上班。
tā měitiān zuò dìtiě shàngbān

她洗了手就叫我。
tā xǐ le shǒu jiù jiào wǒ

家里没有饭吃。
jiāli méiyǒu fàn chī

他让我做韩国菜。
tā ràng wǒ zuò hánguócài

我没有时间出去玩。
wǒ méiyǒu shíjiān chūqù wán

(1) 연동문

한 문장에 두 개 이상의 동사를 사용한 문장입니다. 동작이 연속되는 내용을 표현하기 때문에 연동문이라고 합니다.

☐ **동작의 선후 관계**

동작의 순서에 따라 동사가 이어집니다. 일반적으로 선행 동작은 두 번째 동작의 목적, 방식, 수단입니다.

我们出去玩儿吧。　우리 나가서 놀자.
wǒ men chūqù wánr ba

他每天坐地铁上班。　그는 매일 지하철을 타고 출근한다.
tā měitiān zuò dìtiě shàngbān

동작이 연속적으로 발생할 때는 了를 첫 번째 동사의 뒤에 붙입니다. 하지만 목적, 방식, 수단을 나타내는 연동문에서는 첫 번째 동사 뒤에 붙이지 않습니다.

她洗了手就叫我。　그녀는 손을 씻고 나서 나를 불렀다.
tā xǐ le shǒu jiù jiào wǒ

他天天去商店买烟。　그는 매일 담배 사러 상점에 간다.
tātiān tiān qù shāngdiàn mǎiyān

☐ **有가 있는 연동문**

선행 동사가 有일 때 有의 목적어는 두 번째 동사의 대상입니다.

我有点儿问题想问你。　나는 너에게 물어보고 싶은 문제가 좀 있어.
wǒ yǒu diǎnr wèntí xiǎng wèn nǐ

家里没有饭吃。　집에 먹을 밥이 없다.
jiāli méiyǒu fàn chī

선행 동사 有의 목적어는 두 번째 동사의 행위의 원인이기도 합니다.

我们明天有活动不能来。 우리는 내일 행사가 있어서 올 수 없어요.
wǒmen míngtiān yǒu huódòng bù néng lái

我现在有急事找他。 나는 지금 급한 일이 있어서 그를 찾는다.
wǒ xiànzài yǒu jíshì zhǎo tā

(2) 겸어문

한 문장에 두 개의 동사가 있는데 선행 동사의 목적어가 두 번째 동사의 주어가 되는 문장입니다. 목적어가 주어를 겸하고 있기 때문에 겸어문이라고 합니다.

□ 사역의 의미
'…하게 하다'의 의미를 표현합니다.

他让我做韩国菜。 그는 나에게 한국요리를 만들게 했다.
tā ràng wǒ zuò hánguócài

她要孩子每天练钢琴。 그녀는 아이에게 매일 피아노를 치게 했다.
tā yào háizi měitiān liàn gāngqín

사역의 의미를 나타내는 동사는 다음과 같은 단어가 있습니다.

让[ràng], 叫[jiào], 使[shǐ], 要[yào]: ~하게 하다
请[qǐng]: 청하다   催[cuī]: 재촉하다
劝[quàn]: 권하다   派[pài]: 파견하다
禁止[jìnzhǐ]: 금지하다   要求[yàoqiú]: 요구하다

□ 심리상태

'~를 좋아하다/싫어하다' 등의 심리상태를 표현합니다. 爱, 喜欢, 讨
厌, 原谅등의 단어가 자주 사용됩니다.

我讨厌他在路上抽烟。
wǒ tǎoyàn tā zài lùshang chōuyān
나는 그가 길에서 담배피는 것을 싫어한다.

我们喜欢她聪明。
wǒmen xǐhuan tā cōngming
우리는 그녀가 똑똑한 것이 좋다.

□ 有가 있는 겸어문

有의 목적어는 대부분 사람이나 사물입니다. 이 때 有는 '(불특정한)
어떤'의 의미입니다.

我有一个朋友最近买房子。
wǒ yǒu yíge péngyou zuìjìn mǎi fángzǐ
나는 최근 집을 산 친구가 하나 있다.

他有一个弟弟在北京住。
tā yǒu yíge dìdì zài běijīng zhù
그는 북경에 사는 동생이 하나 있다.

1. 제시된 단어를 어순에 맞게 배치하여 아래의 문장을 작문하세요.

나는 책을 사러 서점에 간다. [书 /我 /买 /书店 /去]

➡ ....。

나는 요즘 매일 병원에 진찰하러 간다. [去 /每天 /他 /医院 /最近 /看病]

➡ ....。

그는 빨대로 콜라를 마셨다. [可乐 /吸管 /他 /喝了 /用]

➡ ....。

나는 퇴근하고 곧바로 유치원에 아이를 데리러 간다. [我 /了 /下班 /接孩子 /去 /就/ 幼儿园]

➡ ....。

나는 표살 돈이 없다. [票 /钱 /我 /买 /没有]

➡ ....。

나는 나갈 시간이 없다. [出去 /我 /时间 /没有]

➡ ....。

나는 너랑 상의할 일이 있다. [事儿 / /我 /跟 /商量 /有 /你]

➡ _____。

나는 말 안듣는 아들 하나가 있다. [有 /我 /很不听话 /一个儿子]

➡ _____。

나는 그가 노래 부르는 것을 좋아한다. [我 /唱 /他 /喜欢 /歌]

➡ _____。

그는 나에게 남방을 가라고 권했다. [他 /去 /我 /南方 /劝]

➡ _____。

선생님은 나를 나와서 발표하게 했다. [老师 /发表 /我 /出来 /让]

➡ _____。

그 영화는 나를 감동시켰다. [让 /感动 /那部电影 /我]

➡ _____。

강조의 표현

「是…的」, 「连…也/都」, 반어문, 이중부정 등의 형식으로 의미를 강조할 수 있습니다.

기본 문형

我们是2008年结婚的。
wǒmen shì èrlínglíngbānián jiéhūn de

他连星期天也不休息。
tā lián xīngqītiān yě bù xiūxi

一点儿也不累。
yìdiǎnr yě bú lèi

我哪儿有时间看电视?
wǒ nǎr yǒu shíjiān kàn diànshì

没有人不喜欢你。
méiyǒu rén bù xǐhuan nǐ

☐ 是…的

이미 발생한 일의 시간, 장소, 방식 등을 강조합니다. 그러므로 주로 과거의 일입니다. 강조할 내용을 是와 的의 사이에 놓습니다.

> 我们是去年认识的。　우리는 작년에 알았습니다.
> wǒmen shì qùnián rènshi de

> 这个饺子是我们一起包的。　이 만두는 우리가 함께 빚은 것입니다.
> zhège jiǎozi shì wǒmen yìqǐ bāo de

일반적으로 是…的 구문으로 질문했을 때는 是…的 구문으로 대답합니다.

> 你是怎么来的?　너는 어떻게 왔니?
> nǐ shì zěnme lái de

> 我是打的来的。　저는 택시타고 왔어요.
> wǒ shì dǎdí lái de

☐ 连…也/都

'심지어…조차도'의 의미를 표현합니다. 강조할 내용을 连과 也 사이에 놓습니다. 也 대신 都를 사용해도 됩니다.

> 他们公司连星期天也不休息。
> tāmen gōngsī lián xīngqītiān yě bù xiūxi
> 우리 회사는 심지어 일요일조차 쉬지 않는다.

> 连自己的名字都忘了。
> lián zìjǐ de míngzi dōu wàng le
> 심지어 자기 이름조차 잊어버렸다.

수량사 一를 사용하여 최소한의 수량을 이야기하면 더욱 내용을 강조할 수 있습니다. 连은 없어도 됩니다.

一块钱也没有。　1원도 없다.
yíkuàiqián yě méiyǒu

一点儿也不累。　조금도 피곤하지 않아.
yìdiǎnr yě bú lèi

一个人也不知道。　한 사람도 모른다.
yígerén yě bùzhīdào

□ 반어문

「不是~吗?」,「难道~吗?」의 질문 형식으로 자신의 생각을 강조합니다.

你不是说买明天的票吗?　너는 내일 표를 샀다고 말하지 않았니?
nǐ búshì shuō mǎi míng tiān de piào ma

难道 这样的天气他能来吗?　설마 이런 날씨에 그가 올 수 있을까?
nándào zhèyàng de tiānqì tā néng lái ma

의문대명사를 활용하여 강조의 정도를 더할 수 있습니다.

我怎么没告诉你?　내가 어떻게 너에게 말하지 않았겠니?
wǒ zěnme méi gàosu nǐ

哪儿有你这么不听话的?　어디 너처럼 이렇게 말안듣는 애가 있겠니?
nǎr yǒu nǐ zhème bùtīnghuà de

我哪儿有时间看电视?　내가 TV 볼 시간이 어디 있니?
wǒ nǎr yǒu shíjiān kàn diànshì

□ 이중부정

부정사를 두 번 사용하여 강한 긍정을 표현할 수 있습니다.

我觉得没有人不喜欢你。
wǒ juéde méiyǒu rén bù xǐhuan nǐ
내 생각에는 널 좋아하지 않는 사람이 없을 꺼야.

没有人不同意。　동의하지 않는 사람이 없다.
méiyǒu rén bù tóngyì

不得, 不能, 不会와 부정사를 함께 사용하여 '…하지 않을 수 없다'의
의미를 표현할 수 있습니다.

我不得不在家里等他。　나는 집에서 그를 기다리지 않을 수 없다.
wǒ bùdébù zài jiālǐ děng tā

她不会不来看你。　그녀는 너를 보러 오지 않을 수 없을 것이다.
tā bú huì bù lái kàn nǐ

非…不可를 사용하여 '반드시 …하다'의 의미를 표현할 수 있습니다.
문장 뒤의 不可는 생략할 수 있습니다. 주로 만족스럽지 않은 상황에서
사용합니다.

孩子非要吃汉堡包不可。　아이는 기어코 햄버거를 먹으려 한다.
háizi fēiyào chī hànbǎobāo bùkě

我的病非得住院吗?　너의 병은 반드시 입원해야 하는 거니?
wǒ de bìng fēi děi zhùyuàn ma

1. 「是…的」 구문을 활용하여 주어진 내용에 따라 대답하세요.

A: 他是什么时候来的?

B: : _____。(晚上十一点)

A: 这是在哪儿买的?

B: : _____。(台湾)

A: 这件事是谁说的?

B: : _____。(老师)

2. 제시된 단어를 활용하여 「连…也/都」, 「一点儿也」 구문으로 작문하세요.

내 전화도 받지 않는다. [接/ 电话]

➡ _____。

컴퓨터도 팔아버렸다. [电脑/ 卖掉]

➡ _____。

그는 닭고기도 먹지 못한다. [鸡肉/ 不能吃]

➡ _____。

나는 조금도 긴장하지 않았다. [紧张]

➡️ ....。

너는 조금도 변하지 않았다. [变]

➡️ ....。

3. 제시된 단어를 어순에 맞게 배치하여 아래의 문장을 작문하세요.

너는 아직도 우리집에 안가봤니? [你/ 去/ 过/ 我家/ 没/ 吗/ 还]

➡️ ....。

여기도 아주 좋은 식당이 아니냐? [也/ 这儿/ 很好/ 吗/ 的/ 不是/ 餐厅]

➡️ ....。

너가 안먹으면 누가 먹니? [吃/ 你/ 不/ 谁/ 吃]

➡️ ....。

너가 결혼한 줄 누가 알아볼 수 있겠니? [的/ 谁/ 你/ 能/ 是/ 看出来/ 结婚]

➡️ ....。

4. 아래에 제시된 단어를 활용하여 문장을 완성하세요.

내 생각에는 너가 잘못했다고 말하지 않을 사람은 없다.
我觉得(　　　　)人不说你不对。

나는 어쩔 수 없이 혼자 간다.
我(　　　　)一个人去。

그녀가 이 일을 모르지는 않을 것이다.
她(　　　　)知道这件事。

울지 않는 사람이 없다.
(　　　　)人不哭。

왜 결혼을 하지 않으면 안됩니까?
为什么(　　　　)结婚(　　　　)?

음주운전을 하면 반드시 벌금은 내야 한다.
酒后开车, (　　　　)罚款(　　　　)。

| 不会不 | 非 | 不得不 | 没有 | 不可 |

복합문

두 개 이상의 절로 이루어진 문장입니다. 앞절과 뒷절은 관련사어의 성격에 따라 병렬, 조건, 전환 등의 논리관계를 형성합니다.

这儿的菜又好吃又便宜。
zhèr de cài yòu hǎochī yòu piányi

这儿的菜不但好吃，而且很好看。
zhèr de cài búdàn hǎochī, érqiě hěn hǎokàn

他虽然比我小，但是个子比我高。
tā suīrán bǐ wǒ xiǎo, dànshì gèzi bǐ wǒ gāo

如果你不相信，就去问他吧。
rúguǒ nǐ bù xiāngxìn, jiù qù wèn tā ba

因为他说得太快，所以我听不懂。
yīnwèi tā shuō de tài kuài, suǒyǐ wǒ tīngbudǒng

只要不下雨，我就去。
zhǐyào bú xiàyǔ, wǒ jiù qù

(1) 병렬관계

앞절과 뒷절의 내용이 대등한 문장입니다.

☐ 又…又…

'…하기도 하고 …하기도 하다'는 의미를 표현합니다.

这儿的菜又好吃又便宜。이곳의 요리는 맛있기도 하고 싸기도 하다.
zhèr de cài yòu hǎochī yòu piányi

今天又刮风又下雨。 오늘은 바람도 불고 비도 내린다.
jīn tiān yòu guāfēng yòu xiàyǔ

☐ 一边…一边…

'(한 편으로는)…하면서 (한 편으로는)…하다'는 의미를 표현합니다.
一面…一面…으로 쓰기도 하지만 一面…一面…은 서면어의 느낌이
강합니다.

他一边儿打工, 一边儿准备考试。
tā yìbiānr dǎgōng, yìbiānr zhǔnbèi kǎoshì
그는 아르바이트도 하면서 시험공부도 한다.

她一边儿烫发, 一边儿跟朋友聊天儿。
tā yìbiānr tàngfà, yìbiānr gēn péngyou liáotiānr
그녀는 파마을 하면서 친구와 수다를 떤다.

(2) 점층관계

뒤에 오는 내용의 정도가 더 심한 문장입니다.

□ 不但…而且…

'…할 뿐 아니라 …도'의 의미를 표현합니다.

> 这儿的菜不但好吃，而且很好看。
> zhèr de cài búdàn hǎochī, érqiě hěn hǎokàn
> 이곳의 요리는 맛있을 뿐 아니라 예쁘기도 하다.

> 这个孩子不但聪明，而且很听话。
> zhège háizi búdàn cōngming, érqiě hěn tīnghuà
> 이 아이는 똑똑할 뿐 아니라 말도 잘 듣는다.

不但 대신 不仅, 不只, 不光 등을 쓸 수 있으며 而且 대신 还, 也, 又, 反而 등을 쓸 수 있습니다.

> 他不仅能喝酒，也喝得很厉害。
> tā bùjǐn néng hējiǔ, yě hē de hěn lìhài
> 그는 술을 마실 뿐만 아니라 대단하게 잘 마신다.

> 抽烟不仅对身体不好，还影响到别人。
> chōuyān bùjǐn duì shēntǐ bù hǎo, hái yǐngxiǎngdào biérén
> 담배는 몸에 좋지 않을 뿐 아니라 다른 사람에게도 영향을 준다.

(3) 전환관계

앞, 뒤 문장의 의미가 상반된 문장입니다.

□ 虽然…但是…

'비록 …지만'의 의미를 표현합니다.

他虽然没去过上海，但是会说几句上海话。
tā suīrán méi qùguo shànghǎi, dànshì huì shuō jǐ jù shànghǎi huà
그는 비록 상해에 가본 적은 없지만 상해어를 몇 마디 할 줄 안다.

他虽然比我小三岁，但是个子比我高。
tā suīrán bǐ wǒ xiǎo sānsuì, dànshì gèzi bǐ wǒ gāo
그는 비록 나보다 세 살 어리지만 키가 나보다 크다.

(4) 가설관계

앞, 뒤 문장의 관계가 가정과 결과로 이루어진 문장입니다.

□ 如果…就…

'만약 …라면'의 의미를 표현합니다. 앞 문장의 뒤에 的话가 붙기도
합니다.

如果你不相信，就去问他吧。
rúguǒ nǐ bù xiāngxìn, jiù qù wèn tā ba
만약 너가 못믿겠다면 그에게 가서 물어봐라.

我是你的话，我就不会这么说。
wǒ shì nǐ de huà, wǒ jiù bú huì zhème shuō
만약 내가 너라면 나는 그렇게 말하지 않았을 것이다.

如果 대신 要是를 쓰기도 합니다. 의미는 같습니다.

要是明天下雨的话，我就不去了。
yàoshì míngtiān xiàyǔ de huà, wǒ jiù bú qù le
만약 내일 비가 내린다면 나는 가지 않을 것이다.

要是她不同意，我就再想一想。
yàoshì tā bùtóngyì, wǒ jiù zài xiǎng yi xiǎng
만약 그녀가 동의하지 않는다면 내가 다시 생각해볼게.

(5) 인과관계

앞 문장이 원인을, 뒷 문장이 결과를 나타내는 문장입니다.

☐ 因为…所以…
'… 때문에 그래서…'의 의미를 표현합니다.

因为他说得太快，所以我听不懂。
yīnwèi tā shuō de tài kuài, suǒyǐ wǒ tīngbudǒng
그의 말이 너무 빨랐기 때문에 나는 알아듣지 못했다.

因为天气不好，所以飞机晚点了。
yīnwèi tiānqì bùhǎo, suǒyǐ fēijī wǎndiǎn le
날씨가 나쁘기 때문에 비행기가 연착했다.

(6) 조건관계

앞 문장이 조건을, 뒷 문장이 결과를 나타내는 문장입니다.

☐ 只要…就…

'…하기만 하면 …하다'의 의미를 표현합니다.

> 只要不下雨, 我就去。
> zhǐyào bú xiàyǔ, wǒ jiù qù
> 비만 안오면 나는 간다.
> 只要交五块钱, 就能进去。
> zhǐyào jiāo wǔkuàiqián, jiù néng jìnqù
> 5원만 내면 들어갈 수 있다.

뒷 문장에 주어가 있을 때 就는 주어의 뒤에 위치합니다.

> 只要他说慢点儿, 我就听得懂。
> zhǐyào tā shuō màn diǎnr, wǒ jiù tīngdedǒng
> 그가 천천히 말하기만 하면 나는 알아들을 수 있다.

> 只要妈妈同意, 我就跟她结婚。
> zhǐyào māma tóngyì, wǒ jiù gēn tā jiéhūn
> 엄마가 동의만 하면 나는 그녀와 결혼할 것이다.

☐ 只有…才…

'…해야만 …하다'의 의미를 표현합니다.

> 只有交五块钱, 才能进去。
> zhǐyǒu jiāo wǔkuàiqián, cái néng jìnqu
> 5원을 내야만 들어갈 수 있다.

> 只有开车去, 才能接她回来。
> zhǐyǒu kāichē qù, cái néng jiē tā huílai
> 차를 몰고 가야만 그녀를 데려올 수 있다.

뒷 문장에 주어가 있을 때 才는 주어의 뒤에 위치합니다.

只有这样做，他才能理解你。
zhǐyǒu zhèyàng zuò, zuò cái néng lǐjiě nǐ
이렇게 해야만, 그가 너를 이해할 수 있다.

只有吃饭的时候，他才说几句话。
zhǐyǒu chīfàn de shíhòu, tā cái shuō jǐjù huà
밥 먹을 때만 그는 겨우 몇 마디 말을 한다.

1. 제시된 단어를 어순에 맞게 배치하여 아래의 문장을 작문하세요.

지하철은 빠르기도 하고 싸기도 하다. [快/ 又/ 地铁/ 便宜/ 又]

➡ ....。

그녀가 나를 알 뿐 아니라 그녀의 남편도 나를 안다. [我/ 不但/ 认识/ 她/ 认识/ 丈夫/ 也/ 我/ 她]

➡ ....。

나는 약간 감기에 걸렸지만 출근했다. [感冒/ 我/ 虽然/ 有点儿/ 上班/ 但是/ 了]

➡ ....。

만약 너가 기차를 타고 온다면 내가 마중나갈게. [的话/ 你/ 如果/ 来/ 坐火车/ 接/ 就/ 我/ 去/ 你]

➡ ....。

내 휴대폰이 고장났기 때문에 그의 것을 빌려썼다. [我的手机/ 坏了/ 借用/ 因为/ 他的/ 所以]

➡ ....。

그에게 전화하기만 하면 우리들의 소식을 알 수 있다. [只要/ 我们的消息/ 知道/ 给/ 他/ 就/ 打电话/ 能]

➡ ....。

일요일에만 우리는 쉴 수 있다. [才/ 休息/ 只有/ 我/ 能/ 星期天]

➡ ....。

2. 아래에 제시된 단어를 활용하여 문장을 완성하세요.

그들은 맥주를 마시면서 영화를 본다.
他们(　　　　)喝啤酒, (　　　　)看电影。

이 요리는 내가 먹어본 적 있을 뿐 아니라 만들 줄도 안다.
这个菜, 我(　　　　)吃过, (　　　　)能做。

그는 많이 마셨지만 취하지는 않았다.
他(　　　　)喝得很多, (　　　　)没有醉。

만약 내일 비가 안오면 우리는 만리장성에 간다.
(　　　　)明天不下雨, 我们(　　　　)去长城。

집에 사람이 없기 때문에 나는 일찍 집에 가야 한다.
(　　　　)家里没有人, (　　　　)我要早点回家。

앞으로 가기만 하면 지하철역을 볼 수 있다.
(　　　　)往前走, (　　　　)能看到地铁站。

그의 병은 수술을 해야만 좋아질 수 있다.
他的病(　　　　)动手术(　　　　)能好。

而且	如果	只有	因为	才	一边
就	所以	只要	虽然	但是	不仅

연습문제 정답

중국어 어순 알아보기

1. 일반 문장

不要跟他说话。
他穿衣服。
鸡蛋贵不贵?
不要买门票。
我明天不去电影院。
我没带来雨伞。

他今天来不来?
你像爸爸还是像妈妈?
我儿子个子不高。
你看什么?
你喜欢韩国菜吗?
汉语难还是日语难?
我忘了，还没有吃药。

2. 是만든 문장

这是你的学生证吗?

您不是汉语老师吗？
我是他弟弟。
她的男朋友就是我。
这是不是今天买的票？

明天是不是星期天？
汉语难是难。
他就是老板。
这张片不是我的。
这张我的名片。

3. 有로 만든 문장

他有五百块钱。
我有两张电影票。
你们班有女生吗？
我现在没有时间。
我家附近有一个很有名的餐厅。

你有没有手机？
我没有你的电话号码。
这儿有很多卖票的人。
你有说明书吗？
有的时候吃面条，有的时候吃饭。

4. 在로 만든 문장

你的手机在这儿。
司机在哪儿？
你的衣服在床上。
长城不在上海，在北京。
你的车在他们那儿。
火车票已经在我的手里。

A: 王老师在吗?
B: 王老师不在这儿。
A: 王老师在哪儿?
B: 王老师在洗手间。

5. 부사의 위치

我每天上网。
我马上给你打电话。
你的裙子不太好看。
我不太熟悉。
他已经起床了。
谈恋爱太不容易。
他开车太不安全。
我们不都是做生意的。
到底你要不要结婚?

품사 둘러보기

1. 동사

他看新闻。
他没有卖车。
你每天喝咖啡吗?
我给他一个苹果。
他问我昨天的事情。
你结婚了没有?
我每天跟他见面。
他以前结过婚。

请你等一等, 他马上出来。
我先看看吧, 电脑有没有问题。

我们什么时候可以见见面。
她经常一个人去舞厅跳跳舞。

2. 조동사

我不能住院。
你会不会用筷子？
我想带你去中国。
你应该告诉他明天休息。
这儿可以抽烟吗？
我得早点儿回家。
他不会离开你。
我觉得她不会说错。
我不要跟他一起去。
你不应该跟他吵架。

3. 형용사

这次考试太难。
我家的泡菜最好吃。
认识你，我很高兴。
你今天穿的衣服很漂亮。
车里的空调不太凉。
房间不太干净。
我的同屋很可爱。

他们都回家了，家里安安静静的。
他马马虎虎地看电视了。
医生让我在家里好好地休息。

4. 명사와 대명사

戴眼镜的女孩儿

昨天接电话的人是谁？
他给我了一张照片
护士不在这儿。
那儿的冬天特别冷。

今年的考试怎么这么难？
我哪儿也不去。
谁都知道他喜欢我。
你们想买什么，就买什么。
我心里怎么这么不舒服？
你想说什么，就说什么。
你想什么时候来，就什么时候来。

5. 수사와 양사

我听说你买了一套房子。
我现在一点儿也不忙。
再吃一点儿。
我现在有点儿紧张。
你一个人出去有点儿危险。
我坐过两次飞机。
他打过儿子一次。
我找你两个小时了。
他看了一个小时的画片了。

我家的狗生了三只小狗。　　　　家里有两位客人。
这条路太危险。　　　　　　　　老师给我了一张纸。
他是一家公司的老板。　　　　　我不知道那件事。
你的心情好一点了吗？　　　　　我还得去一趟。
一些年轻人来帮助我了。　　　　我们见过两次。
我已经给他说了一遍。　　　　　我没看昨天的那场比赛。

6. 전치사

我想跟你商量一下。
去地铁站往哪边走？
我在仁川长大了。
他从2008年到去年在这儿工作。
他向谁笑？
我给大家介绍一下我的女朋友。
我对我的名字有点儿不满意。

这件事和我没有关系。
他刚从日本回来了。
对你的意见，我们都同意。
餐厅离这儿只有三百米。
从首尔站到机场要几个小时？
根据天气预报说，明天下雪。
到红绿灯往右拐。
为了安全，请您先等一下。
由于减肥，我现在只能吃蔬菜。

조사 보어 둘러보기

1. 동태조사

我坐出租车来了。
他没有住院。
我找了他一个星期了。
他们没有见过面。
她没有养过孩子。
他哭着说对不起。

他挂电话了。

我以前在北京学过汉语。
电脑还在开着吗?
我没有打过别人。
你出汗了没有?
他在机场等了你一个小时了。
她听了我的话, 就生气了。

2. 어기조사

我的名片没有了。
我们过几天再说吧。
我在接电话呢。
爸爸的身体一定会好的。
你忘了我的名字吧。
我正在看孩子呢。

我们喝可乐吧。
我不想跟他在一起, 你呢?
明天不会停电的。
快放假了。

3. 구조조사

他写的字很好看。
她慢慢地点头了。
在路上睡觉的人不少。
你面条吃得怎么这么快啊!
他非常热情地接待我们了。
那家餐厅服务员多得很。

老师的儿子是我姐姐的同学。
物价涨得很厉害。
妈妈满意地笑了。

他很快地回答了。
他生日过得很愉快。

4. 방향보어

警察拿出枪来了。
这是他借去的照相机。
有人从对面走来了。
她已经搬走了。
她们都站起来鼓掌了。

那位太太走进商店来买了一本书
先拿来菜单吧。(=先拿菜单来吧。)
我没带来名片。(=我没带名片来。)
他回家乡去了。

你别走,留下来。
他考上了美国大学。
请把口袋里的东西都拿出来。
孩子突然笑起来了。

5. 정도보어

她每天睡得很晚。
这个虫子飞得很快。
困死了。
你不要说得太随便。
老师生气极了。
我写汉字写得不太好看。
你生日过得好吗?
我累得不能说话。
她本来说得不多。
这个手机用得很不方便。

他擦眼镜擦得很干净。
上次放假你过得怎么样?
饿死了。
这个孩子可爱极了。

6. 결과보어

对不起, 我看错了。
我的车修好了吗?
我的话还没说完。
明天六点叫醒我, 好吗?
我在路上看见了他们在一起。
孩子喝完牛奶了。

你说好了吗?
孩子已经睡着了。
你的名字我看清楚了。
回家的火车票你买到了吗?
我洗好了鞋。

7. 가능보어

去年的事情我忘不了。
你一个人吃得了吗?
明天我参加不了。
我看不懂孩子写的字。
他们肯定回不来。
他的名字我突然想不起来。
那个网站现在进不去。

我拿不动这么大的行李。
椅子不够, 我们坐不下。
这个地方房价太贵, 老百姓买不起。

外边儿太吵，睡不着。
你不要看不起我们。
换七点的车还来得及。
电脑有密码，你用不了。

문형 탐색하기

1. 비교문

我爱人今天比我忙。
剪头发不如烫发好。
我有跟你一样的东西。
休息不如运动。
最好明天早点儿出发。
用洗衣机洗不如用手洗干净。

出国手续比以前方便了。
北京的物价有上海那么高吗？
我的收入没有他那么高。
这是最便宜的价格。
火车票比汽车票贵五十块钱。
爸爸没有妈妈那么喜欢看电视剧。

2. 把字문

我把密码改了。
他把我当做自己的秘书。
孩子把药都吐了。
他把名片还给我了。
小孩儿把硬币吞了。
她把头发吹干了。
你不要把遥控器放到口袋里。

爸爸把我抱起来了。
老师把我的名字写在黑板上了。
姐姐把小狗放在床上了。
我把昨天的事情都说了。
他把那个照片保存在电脑里了。
你还没有把钥匙给我。

3. 피동문

我的电脑被他借走了。
我不愿意被别人误解。
他被老师叫回去了。
那封信被她发现了。
我被妈妈打了。
老人已经被送到医院了。
我被她拒绝了。
我的女朋友被我说服了。
他被人推了一下。
生日蛋糕已经被孩子们给吃了。
小鸡叫那只狗咬死了。
书让他拿走了。
我们的酒叫他喝光了。
你又让他骗了。

4. 존현문

晚上走了两个人。
里边有很多座位。
我们餐厅来了一对新婚夫妻。
停车场有很多车。
昨天丢了二十块钱。
那儿有一个饭店。
墙上挂着一张中国地图。

办公室里坐着一个人。
我家里发生了一个事情。
洗手间里站着很多人。
来客人了。

5. 연동문과 겸어문

我去书店买书。
他最近每天去医院看病。
他用吸管喝了可乐。
我下了班就去幼儿园接孩子。
我没有钱买票。
我没有时间出去。
我有事儿跟你商量。
我有一个儿子很不听话。
我喜欢他唱歌。
他劝我去南方。
老师让我出来发表。
那部电影让我感动。

6. 강조의 표현

他是晚上十一点来的。
这是在台湾买的。
这件事是老师说的。

连我的电话也不接。
连电脑也卖掉了。
他连鸡肉也不能吃。
我一点儿也不紧张。
你一点儿也没有变。

你还没去过我家吗？

这儿也不是很好的餐厅吗?
你不吃谁吃?
谁能看出来你是结婚的?

我觉得没有人说你不对。
我不得不一个人去。
她不会不知道这件事。
没有人不哭。
为什么非结婚不可?
酒后开车, 非罚款不可。

7. 복합문

地铁又快又便宜。
不但她认识我, 她丈夫也认识我。
我虽然有点儿感冒, 但是上班了。
如果你坐火车来的话, 我就去接你。
因为我的手机坏了, 所以借用他的。
只要给他打电话, 就能知道我们的消息。
只有星期天, 我才能休息。

他们一边喝啤酒, 一边看电影。
这个菜, 我不仅吃过, 而且能做。
他虽然喝得很多, 但是没有醉。
如果明天不下雨, 我们就去长城。
因为家里没有人, 所以我要早点回家。
只要往前走, 就能看到地铁站。
他的病只有动手术才能好。

/ 지은이 소개 /

이규일

국민대학교 중어중문과 졸업
북경대학교 중어중문과 문학박사
현 국민대학교 중국학부 부교수
주요 연구 성과로는 <여행중국어>, <중국문화의 즐거움>, <스토리텔링 교양한
문> 등이 있음.

김애경

국민대학교 중어중문과 졸업
북경대학교 국제관계학원 정치학박사
현 명지전문대 중국어비즈니스과 교수
주요 연구 성과로는 "마오쩌둥 시기 중국의 주권정책", <중국을 고민하다>(공
저), <중국은 왜, 어떻게 행동하는가?>(공저) 등이 있음.

회화 도우미

기초 중국어 문법

2023. 3. 1. 1판 1쇄 인쇄
2023. 3. 10. 1판 1쇄 발행

지은이 이규일·김애경
발행인 김미화 **발행처** 인터북스
주소 경기도 고양시 덕양구 통일로 140 삼송테크노밸리 A동 B224
전화 02.356.9903 **팩스** 02.6959.8234 **이메일** interbooks@naver.com
홈페이지 hakgobang.co.kr **출판등록** 제2008-000040호
ISBN 979-11-981749-1-8 93720 **정가** 13,000원

■ 파본은 교환해 드립니다.